NOTICE

SUR

LA VIE ET LES TRAVAUX

DE

M. EUGÈNE HUCHER

MAMERS. — TYPOGRAPHIE DE G. FLEURY ET A. DANGIN. — 1890.

NOTICE

SUR

LA VIE ET LES TRAVAUX

DE

M. EUGÈNE HUCHER

PAR ROBERT TRIGER

MAMERS

G. FLEURY ET A. DANGIN, IMPRIMEURS-ÉDITEURS

—

1890

NOTICE

SUR

LA VIE ET LES TRAVAUX

DE

M. EUGÈNE HUCHER

Trop souvent dépouillée, au profit de la capitale, de ses intelligences d'élite et de ses talents naissants, la Province a rarement le privilège de posséder de véritables savants, dont la réputation, franchissant les limites ordinaires de la région, se répande dans toute la France et même à l'Étranger. Moins vigoureux et moins actif qu'à Paris, le mouvement scientifique manque généralement, dans les départements, des ressources et des éléments nécessaires pour permettre aux esprits d'arriver à une notoriété générale et de s'élever au-dessus du niveau, fort honorable assurément, de ce qu'on est convenu d'appeler « les travailleurs de province ». Aussi, lorsqu'il est donné de rencontrer dans une ville, qui ne saurait avoir la prétention d'être un centre intellectuel important, un homme d'un assez grand mérite pour avoir conquis, avec les seules forces de son talent, l'estime et la considération du « public savant », on ne saurait trop lui rendre justice.

M. Eugène Hucher est de ce nombre. Doué d'aptitudes aussi remarquables que variées, dessinateur hors ligne, numismate distingué, archéologue, historien et paléographe, il a consacré à l'étude sa vie tout entière, et, pendant sa longue et laborieuse carrière de quarante-sept années, il a produit un ensemble considérable d'œuvres de valeur. Plusieurs, d'une importance exceptionnelle, lui ont assuré le premier rang parmi les hommes qui, depuis un demi-siècle, ont fait honneur au département de la Sarthe par leurs travaux historiques, archéologiques ou artistiques, et elles lui ont valu, en outre, une juste notoriété en France et à l'Étranger.

Sa mort a été une perte très sérieuse, ressentie non-seulement dans le département, mais « partout où la science archéologique et l'art chrétien sont cultivés » (1). Pour la *Société historique et archéologique du Maine* en particulier, c'est une perte irréparable, car, au dire des meilleurs juges, « les hommes de cette valeur ne sont pas communs » (2), et ils ne se remplacent que difficilement.

Dès lors il nous sera permis, après avoir eu le triste honneur de donner à M. Hucher, sur le bord même de sa tombe, le salut d'adieu, de venir aujourd'hui compléter un premier hommage qui ne pouvait suffire aux regrets de ses amis, et rappeler moins imparfaitement ses nombreux titres à l'estime et au souvenir de ses concitoyens.

C'est, plus encore peut-être qu'à la première heure, un devoir difficile. Nous nous efforcerons du moins de le remplir avec ce sentiment de reconnaissance et de respect que nous tiendrons toujours à honneur de conserver pour un maître éminent, qui a bien voulu encourager nos premiers efforts

(1) Ch. des Granges... *Notice sur M. Hucher*, dans le journal : *La France Illustrée*, du 6 avril 1889. — Jules Rouyer : *Eugène-Fréderic-Ferdinand Hucher*, dans la *Revue belge de numismatique*, année 1889.

(2) *Lettre de M. le vicomte de Ponton d'Amécourt à M. Hucher*, en date du 10 janvier 1873.

et nous témoigner, quelques mois encore avant sa mort, un bienveillant intérêt.

I

Eugène-Frédéric-Ferdinand Hucher naquit le 28 mars 1814 à Saarlouis, de Claude-Jean-Baptiste Hucher, ancien directeur des hôpitaux de l'armée de la Moselle, employé supérieur des Domaines, et de Marie Metzinger. L'heure était sombre entre toutes, car la France était envahie, et, le jour même, les alliés paraissaient sous les murs de Paris. Le territoire toutefois n'était pas encore démembré. Saarlouis était restée ville française, du département de la Moselle, et les efforts suprêmes de nos soldats avaient évité à celui qui sera plus tard si bon français et si bon citoyen, la douleur de naître sur la terre étrangère.

Dès les premières années de sa jeunesse, Eugène Hucher se montra studieux et réfléchi. A huit ans, il commença une collection de médailles, révélant ainsi, sous la forme d'une simple distraction d'enfant, les goûts et les aptitudes dont la Providence l'avait doué.

Envoyé peu après au collège de Charleville, il y fit de fortes études et se distingua parmi les meilleurs. Un heureux rapprochement lui donna pour camarade Alexandre Bida, qui devait devenir un dessinateur célèbre et l'un des artistes les plus estimés de notre temps. Dans une classe plus élevée, au premier rang lui aussi, se trouvait Jacques Nanquette, le futur évêque du Mans, qui n'oubliera pas ses souvenirs de collège, et trente ans plus tard, après sa prise de possession de l'évêché du Mans, se montrera l'ami et le protecteur de son ancien condisciple de Charleville.

A seize ans, Eugène Hucher quitte le collège pour entrer dans l'administration des Domaines, et vient rejoindre son père, alors en résidence à Paris. Pendant trois ans il reste près de lui, attaché à son bureau, et ces trois heureuses années, on peut le dire, achèvent de décider sa carrière. Entraîné par ses goûts naturels vers le monde des arts et de la science, animé d'un désir ardent de se perfectionner dans la pratique du dessin, il fréquente les ateliers et les musées autant que le lui permet l'accomplissement exact de ses devoirs administratifs. Par là même, il complète son éducation, forme son jugement, développe ses aptitudes ; en un mot, il se consacre tout entier à l'étude du *vrai*, du *beau* et du *bien*, avec cet enthousiasme de la jeunesse que tant d'autres consument inutilement dans le plaisir ou l'oisiveté. Dès ce moment sa vocation est fixée ; l'influence de ces précieuses relations et de ces fructueuses études ne s'effacera plus.

En 1833, Eugène Hucher est nommé surnuméraire à Sedan ; en 1837, receveur à Tournon (Indre), puis premier commis de direction à Châteauroux, et au Mans, vers la fin de 1838. Il est alors dans sa vingt-cinquième année et ne peut rencontrer un milieu plus favorable pour activer ses aspirations.

C'est, en effet, l'époque d'une brillante renaissance pour les sciences historiques et archéologiques. Remise en faveur par les éloquentes leçons des Guizot et des Thierry, notre histoire nationale est entrée dans une voie nouvelle. M. de Caumont, « ce maître modeste et puissant qui doit entraîner toute une génération à la conquête d'une forme nouvelle de la pensée artistique » (1), vient de fonder avec succès la *Société française pour la conservation des monuments* et d'organiser à Caen le *Congrès scientifique de France*, institution excellente dont le premier résultat est « de réveiller l'émulation de la province, de réchauffer et de féconder les intelligences, en d'autres termes de populariser la science

(1) Expressions de M. Hucher, dans sa brochure : *Exposition de l'art rétrospectif au Mans, en 1880*, où il résume très heureusement le mouvement de renaissance des sciences historiques et archéologiques de 1830 à 1880.

et de lui conquérir cette influence civilisatrice qui est à la fois sa plus haute destination et sa plus glorieuse récompense » (1).

La ville du Mans n'est point restée en arrière. Grâce aux efforts d'un petit groupe de travailleurs d'élite, au nombre desquels il est juste de citer Cauvin, Richelet, Édom, Anjubault, et surtout grâce aux encouragements de M. de Caumont qui la considère comme une des cités les plus intéressantes sous le rapport monumental, elle a suivi avec une louable ardeur l'exemple des centres plus importants, et elle prend une part exceptionnellement active à ce grand mouvement intellectuel qui doit donner à la France ses meilleurs historiens et ses premiers archéologues.

Quelques mois après l'arrivée d'Eugène Hucher, en septembre 1839, elle a ainsi l'honneur de voir se réunir dans ses murs la septième session du *Congrès scientifique*. En dépit de circonstances défavorables et même d'une émeute assez grave qui l'oblige à délibérer sous la protection d'un bataillon d'infanterie, le congrès est nombreux et brillant (2). Il groupe toutes les sommités de la ville et de la région, sous la direction de son infatigable fondateur, M. de Caumont, et il a pour conséquence la création d'une nouvelle institution : l'*Institut des provinces de France*, « la plus éminente des académies du royaume après l'Institut de Paris », composée exclusivement d'hommes qui ont conquis par de longs travaux une réputation méritée, et qu'on devait appeler bientôt « la pairie des hommes de lettres et des savants de la province ». Le siège de l'institution est établi au Mans et

(1) Cf. *Annuaire de l'Institut des provinces et des Congrès scientifiques*, Paris et Caen, 1846.

(2) Cf. *Congrès scientifique de France : Septième session, tenue au Mans en septembre 1839*, Paris et Le Mans, 1839, 2 vol. in-8. — Les troubles eurent pour cause la supposition futile que des approvisionnements de blé faits pour la ville de Paris pourraient affamer le pays : ils nécessitèrent l'envoi au Mans de forces militaires importantes.

la présidence en est déférée au plus illustre des érudits manceaux, au savant et modeste Cauvin (1).

En même temps, la *Société française d'archéologie* tient une séance générale dans le grand salon de l'Hôtel-de-ville, la *Commission départementale des monuments historiques* créée au mois d'octobre précédent par un préfet intelligent, pour veiller à la conservation des anciens monuments du département de la Sarthe, entre en fonctions ; deux jeunes ecclésiastiques de talent, MM. Tournesac et Chevreau inaugurent des cours d'archéologie à l'usage des gens du monde, et M. d'Espaulard et de Saint-Rémy, amateurs aussi distingués qu'intelligents, commencent leurs magnifiques collections, bientôt célèbres dans la province (2).

Excitées par ces salutaires exemples, et, pour mieux dire vivifiées par cette atmosphère bienfaisante, les aptitudes artistiques et scientifiques d'Eugène Hucher s'accentuent et se développent de plus en plus.

Le 29 juin 1840, pour la première fois, il assiste à une séance générale de la *Société française d'archéologie*, qui s'est de nouveau réunie au Mans, pendant la session de l'*Institut des Provinces*, et il communique à l'assemblée « un portefeuille rempli de dessins, d'une exactitude scru-» puleuse, représentant les détails les plus intéressants de » la cathédrale du Mans » (3). Ces dessins, indice d'un rare talent, sont admirés de tous les membres présents à la tête desquels se trouvent, comme toujours, l'illustre évêque du Mans, Mgr Bouvier, Cauvin, de Caumont, Richelet, de la Sicotière, Tournesac, en un mot les hommes les plus distingués de la région. Un tel début donne en quelque sorte à

(1) Cf. *Annuaire de l'Institut des Provinces.* — *Histoire de l'Institut des Provinces*, Caen 1859, in-4°.

(2) Ces collections sont depuis longtemps dispersées. *Le Magasin pittoresque* de 1841, (p. 399) a donné un intéressant article sur la collection de Saint-Rémy.

(3) *Bulletin monumental*, année 1840, p. 404.

M. Hucher droit d'entrée parmi les érudits de la province. Nous serions tenté de dire que déjà il permet de présager ce que sera sa carrière, consacrée en grande partie à l'étude de cette magnifique cathédrale du Mans, chef-d'œuvre des siècles de foi du Moyen-Age, qui restera, pendant toute la vie de M. Hucher, l'objet de sa pieuse admiration et de son généreux enthousiasme d'artiste chrétien.

L'année suivante, après avoir ainsi conquis l'estime des Manceaux, Eugène Hucher reçoit les premières récompenses de ses efforts. D'une part, il épouse une jeune fille d'une honorable famille du Mans, Mlle Marie Legendre, dont les goûts en rapport avec les siens et l'intelligent dévouement l'aideront heureusement dans l'exécution de ses projets et le soutiendront dans ses travaux. D'autre part, il est pris en affection par M. de Caumont, toujours empressé d'encourager les hommes studieux et de stimuler les jeunes talents. M. de Caumont est bon juge et sait apprécier le mérite ; dès ce moment il voue une inaltérable amitié à Eugène Hucher qu'il a appris à connaître dans ses fréquents voyages au Mans (1), et le 17 juin 1841, au cours de la séance annuelle de la *Société française d'archéologie*, il le fait recevoir membre de la *Société*.

Or, le nouveau sociétaire, comme tous les travailleurs de valeur, n'est pas homme à rester en retour. Il se met aussitôt à l'œuvre pour payer sa dette de bienvenue, et à la ville du Mans qui l'a adopté pour un de ses enfants, et à la *Société* qui l'a si honorablement accueilli.

Depuis le commencement du siècle, les belles statues du portail méridional de la cathédrale du Mans ont été l'objet des interprétations les plus fantaisistes de la part de pré-

(1) M. Hucher ne se montrera pas ingrat. Pendant toute sa carrière il conservera une vive reconnaissance « à ce simple et bon de Caumont, » esprit indépendant avant tout, qui resta toujours à l'écart des gou- » vernements et sut néanmoins rallier, à sa suite, un flot toujours » montant d'admirateurs et d'adeptes ».

tendus archéologues. L'un d'eux y a même vu des monuments de la sculpture française du VIe siècle, découvrant, dans un des personnages le roi *Clodomir*, dans un autre la reine *Ultrogothe !* Scandalisé de ces déplorables commentaires qui choquent son sens archéologique et menacent de perpétuer une erreur grossière, Eugène Hucher entreprend de les détruire, et il est assez heureux pour lire sur le phylactère de l'une des principales statues le nom de *Salomon*. Cette intéressante découverte lui fournit en octobre 1841, la matière d'un premier article très remarqué et publié en 1842 dans le *Bulletin monumental*. Dès lors, il était bien établi que les statues du portail de la cathédrale du Mans avaient un caractère biblique et non mérovingien, et qu'elles dataient, comme le portail tout entier, du temps de l'évêque Hildebert.

Mais M. Hucher dès cette époque ne se révèle pas seulement archéologue, c'est aussi un artiste et un catholique aux convictions sincères. Après s'être acquitté avec la science, il veut payer sa dette à l'église de sa paroisse. En 1842, il dessine et peint lui-même, dans les rares moments de loisirs que lui laissent ses occupations administratives, les trois vitraux qui occupent, aujourd'hui encore, les croisées du chœur de la Couture. « C'est un don considérable et qui mérite d'être signalé, dit le journal *l'Union* » du 1er avril 1845, en rappelant ce premier acte de générosité de M. Hucher. On n'en porte pas la valeur à moins de » dix-huit cents francs. L'église de la Couture compte un » grand nombre de riches paroissiens : pour peu que » quelques uns voulussent suivre l'exemple de M. Hucher, » toutes les croisées seraient bientôt garnies de vitraux peints » qui ajouteraient singulièrement à la beauté du monument ». L'artiste compléta sa bonne œuvre en publiant, la même année, *au profit des pauvres*, une *Notice sur les nouvelles verrières de la Couture*, précédée de *Considérations sur l'archéologie, envisagée comme science d'application aux intérêts matériels.*

Ces premiers vitraux, hâtons-nous de le dire, ainsi que ceux de la nouvelle église d'Écommoy qu'il dessina peu après (1), n'étaient qu'un essai imparfait, bien éloigné du résultat que devait atteindre plus tard l'atelier du Carmel, sous la direction plus expérimentée de M. Hucher. Ils n'en furent pas moins appréciés à une époque où l'art de la peinture sur verre, jusque là peu développé, commençait à être fort en faveur dans la ville du Mans, et si l'on tient compte des circonstances de leur exécution, ils témoignent assurément de dispositions exceptionnelles chez « l'amateur distingué » qui les signa.

Mis en évidence par ce don généreux et par son heureuse lecture du nom de *Salomon*, M. Hucher fut nommé quelques mois plus tard, par arrêté préfectoral, membre de la *Commission départementale des monuments historiques*. Le choix était bien inspiré, car désormais M. Hucher était manceau par le cœur comme par les actes, et il pouvait prendre place à côté des Cauvin, des Richelet et des Drouet.

De 1842 à 1845, engagé par ses premiers succès à faire mieux encore, il suit avec régularité les séances de la *Société française* (2), sollicite son admission dans la *Société de numismatique*, commence une précieuse collection de médailles, et se prépare en silence, par un labeur continu, aux travaux qui doivent illustrer son nom. En 1844, sa notoriété est déjà assez grande pour qu'il soit nommé membre de l'*Institut des Provinces*, lors de la sixième session, ouverte au Mans le 11 juin. C'est un honneur à coup sûr enviable ; l'*Institut des Provinces* ne comprend

(1) Cf. L'abbé Lottin : *Verrières peintes de la nouvelle église d'Écommoy*, Le Mans, 1843, in-8.

(2) *Bulletin monumental*, 1842, p. 207 ; 1843, p. 633.

alors que *deux cents* membres choisis avec soin après une enquête sévère, et, au nombre des sept nouveaux membres, élus dans cette session, se trouvent le comte de Montalembert, pair de France, et le comte Félix de Mérode, ministre d'État de Belgique ! (1).

M. Hucher, il est vrai, ne tarde pas à justifier cette distinction flatteuse. Avant même qu'une année ne soit écoulée, au cours de 1845, il donne dans le premier volume des *Mémoires de l'Institut*, un *Essai sur les monnaies frappées dans le Maine*, ouvrage tout nouveau alors, d'autant plus important que la numismatique du Maine n'a pas encore été traitée. Les meilleures critiques s'accordent aussitôt pour reconnaître la valeur de ce travail, « riche de faits et » d'aperçus judicieux, monographie très intéressante et aussi » complète qu'il était possible de la faire » ; les plus sévères et les plus compétents, en rendant pleine justice au savoir et à l'initiative de l'auteur, déclarent que si quelques-unes des opinions émises sont susceptibles de controverse, elles méritent d'être examinées avec soin et qu'il ne leur manque peut-être que la sanction de nouvelles recherches ; tous sont unanimes pour signaler l'ingénieux procédé des planches en relief qui accompagnent l'ouvrage, procédé que M. Hucher emploie pour la première fois, après l'avoir très heureusement perfectionné (2). En résumé, la publication de l'*Essai sur les monnaies du Maine* est un succès ; elle commence la réputation numismatique de M. Hucher et lui assigne

(1) *Bulletin monumental,* 1844, p. 432.

(2) *Revue numismatique*, 1845, p. 404 à 410, *Compte-rendu* signé E. Cartier. — *Bulletin monumental,* 1845, p. 602, *Compte-rendu* signé D. L. G. — *Les Affiches du Mans*, 25 juillet 1845. — Le procédé de M. Hucher consistait à obtenir les empreintes de médailles sur du papier carton, au moyen de bons clichés produits par l'action d'une faible pile de Volta. Ces clichés limés et préparés convenablement, donnent après une pression énergique, une empreinte en relief parfaitement nette. Le seul inconvénient du procédé est de rendre impossible le *battage* des planches par le relieur.

parmi les numismates un rang aussi honorable que parmi les archéologues.

Remarquons qu'il est arrivé à ce résultat déjà brillant sans négliger ses fonctions administratives. Agent consciencieux, il sait résister aux tendances de son imagination et maintenir son service à l'abri de tout reproche. Il mène de front, jusqu'ici, ses études et sa carrière, et en 1846 il est nommé vérificateur de l'enregistrement.

II

Cependant le mouvement archéologique que la ville du Mans avait vu naître en 1838 et 1839 ne se ralentissait pas ; l'heure était même venue où il allait produire un résultat pratique. Sous l'influence des idées peu à peu vulgarisées dans le département par les séances annuelles de la *Société française d'archéologie* et de l'*Institut des Provinces*, à la suite des excellentes leçons de M. de Caumont, « qui répandaient partout les saines doctrines d'art », on était arrivé à comprendre la nécessité de créer au Mans un musée spécial d'antiquités, destiné à sauver d'une destruction inévitable les objets d'art et les monuments archéologiques dont l'étude venait d'être remise si heureusement en faveur. Dès l'année 1844, un antiquaire zélé, M. Charles Drouet, membre du Conseil général et inspecteur de la *Société française d'archéologie*, s'était fait l'apôtre fervent de ce patriotique projet et s'était mis en devoir d'en préparer l'exécution (1). En 1846, l'appui et le précieux concours de l'administration lui permirent enfin de le réaliser.

A cette époque, en effet, le département de la Sarthe et la ville du Mans ont la bonne fortune d'avoir à leur tête, avec M. le préfet Mancel et M. le maire Trotté de la Roche, deux

(1) Cf. *L'Union*, du 25 juillet, 1844.

administrateurs de mérite, qui joignent à une grande expérience des affaires une bienveillante affabilité pour les « savants » et une intelligente sympathie pour les études archéologiques (1). Bien loin de dédaigner systématiquement les souvenirs historiques, comme le font, à l'heure présente, tant d'esprits ignorants ou passionnés, l'un et l'autre tiennent à honneur de rendre justice aux efforts des générations passées. Ils ne croient pas de bon goût de renier les siècles précédents sous prétexte qu'ils n'ont pas connu les beautés du régime parlementaire, et ils savent apprécier la science pour elle-même, non pas seulement pour les services qu'elle peut rendre à leur administration.

Le 4 juin 1846, ils se rendent à une séance solennelle de la *Société française d'archéologie*, subdivision du Mans, et là, en présence de l'évêque Mgr Bouvier, de plusieurs conseillers généraux, de M. Charles Drouet, des professeurs, des artistes et des érudits les plus distingués de la ville, M. Trotté de la Roche communique officiellement une décision du Conseil municipal, en date du 28 mai, qui crée au Mans un *Musée des monuments historiques*, et lui affecte libéralement, pour local *provisoire*, le soubassement du nouveau théâtre. Une subvention de trois cents francs est votée en outre par le Conseil pour les premiers travaux d'aménagement, et une commission composée de dix membres de la *Société française* est chargée sous la présidence de M. Drouet, de procéder à l'organisation (2).

M. Hucher est appelé un des premiers à faire partie de cette commission qui comprend l'élite des archéologues et

(1) M. Eugène Mancel, maître des requêtes au Conseil d'État, officier de la Légion d'honneur, administra le département de la Sarthe du 18 septembre 1839 au 4 janvier 1847. — M. Aug. Cas. Trotté de la Roche, adjoint au maire du Mans en 1831, président du Conseil général de la Sarthe de 1842 à 1848, fut nommé maire en novembre 1845; il quitta la mairie à la fin de 1846 pour prendre la direction de la succursale de la Banque de France récemment fondée au Mans.

(2) Cf. *Archives historiques de la Sarthe*, Le Mans, 1849, in-8, p. 6.

Fig. 1. — Statue tombale de Raoul II, fondateur d'Étival (1087-1110), dessinée par E. Hucher. *(Mon. fun. des Vicomtes de Beaumont.)*

des artistes manceaux : Anjubault, Châtel, David, Delarue, de Saint-Rémy, d'Espaulart, Richelet et Voisin. Il se met aussitôt à l'œuvre avec ardeur, et c'est lui, on peut le dire, qui prend, après M. Drouet, la part la plus active à la création du nouveau musée. Un an plus tard, grâce au dévouement de ces deux savants, le musée, déjà « fort remarquable », possédait des monuments d'un grand intérêt, tels que le plan en relief des ruines gallo-romaines d'Allonnes, « objet qui mériterait à lui seul la reconnaissance publique à son auteur », ou les curieuses statues tombales des vicomtes de Beaumont, retrouvées par M. Hucher dans les jardins de l'abbaye d'Étival ; et M. de Caumont écrivait en signalant le résultat obtenu : *MM. Drouet et Hucher méritent les plus grands éloges* (1).

(1) *Bulletin monumental*, 1847, p. 642 : *Rapport de M. de Caumont.*

La création du *Musée d'antiquités* n'empêche pas M. Hucher de poursuivre avec une infatigable activité « ses belles recherches numismatiques et archéologiques » (1). Collaborateur très apprécié du *Bulletin monumental* et de la *Revue numismatique*, il leur envoie des articles nombreux et variés (2). Membre de la commission d'étude des maisons monumentales de la ville du Mans, il se charge avec empressement de la monographie de l'une des plus curieuses : la maison d'Adam et Eve. Enfin il se montre en toutes circonstances un des membres les plus travailleurs de la *Société française d'archéologie*, qui l'appelle dans son conseil administratif (3). Certes ce n'est pas peu dire, car la subdivision du Mans compte à elle seule, en 1847, *soixante-quatorze* membres, « tous livrés à des études spéciales et non moins dévoués à la conservation des monuments historiques » ; elle multiplie ses séances avec un zèle toujours croissant, sous la haute protection du Préfet et de l'Evêque ; elle suscite des travaux parfois remarquables, et M. de Caumont, en adressant de chaleureux remerciements à son président, M. Drouet, constate « qu'on peut louer sans réserve la bonne » impulsion qu'il sait imprimer aux diverses branches » d'étude dans le Maine » ! (4).

La Révolution de 1848 n'arrête pas cet élan. Bien mieux, M. Hucher est trop accessible aux grandes idées pour rester étranger aux généreuses tendances de l'époque, et tout en continuant ses travaux de pure érudition, il conçoit l'excellente pensée de mettre sa science préférée à la portée d'une démocratie alors honnête, dont il est utile de diriger les efforts. Dans ce but, il propose de faire au musée d'antiqui-

(1) *Bulletin monumental*, 1847, p. 642. *Rapport de M. de Caumont.*

(2) Le nombre des articles de M. Hucher est trop considérable pour que nous puissions les citer au cours de cette notice ; nous renvoyons donc, une fois pour toutes, à la *Bibliographie,* que nous donnons en appendice.

(3) *Archives historiques de la Sarthe*, p. 33, 45, 72, 84, etc.

(4) *Ibidem*, p. 141.

tés un cours d'archéologie spécialement destiné aux architectes, ouvriers, sculpteurs, menuisiers, en un mot à tous ceux qui sont appelés à réparer les anciens monuments. Son projet est accueilli avec enthousiasme par M. de Caumont. « La *Société française*, écrit à cette occasion » l'éminent directeur-général, s'associera à cette œuvre si » pratique, à cette bonne pensée qui est aussi la sienne et » qui serait bientôt mise à exécution dans plusieurs villes, » s'il se trouvait quelques hommes aussi capables que » M. Hucher. Malheureusement ils sont très rares, et la » ville du Mans doit se féliciter de posséder un tel » homme ! » (1). Une subvention importante est aussitôt accordée au musée pour augmenter les collections de moulages, nécessaires au cours projeté, et des primes de deux cents francs sont proposées à toutes les villes où l'exemple de M. Hucher sera suivi !

Cette heureuse idée de vulgariser la science archéologique auprès des travailleurs, et de préparer une génération d'ouvriers intelligents et instruits, ne s'effacera pas dans l'esprit de M. Hucher, avec les illusions de 1848. Plus tard, nous le verrons, à différentes reprises, reprendre cette idée, la poursuivre avec tenacité et la mettre en exécution, en montrant toujours aux classes laborieuses un intérêt bienveillant et une sollicitude éclairée.

Admis, le 22 mai 1849, dans la *Société d'agriculture, sciences et arts de la Sarthe*, une des Académies de province les plus anciennes et les plus respectables ; nommé le 30 novembre suivant correspondant du ministère de l'Intérieur pour le service des monuments historiques, et le 17 mai 1850, correspondant du ministère de l'Instruction publique et des Cultes, M. Hucher prend le parti d'abandonner ses fonctions administratives et se consacre tout entier, pendant plusieurs années consécutives, à des

(1) *Bulletin monumental*, 1848, p. 471 à 473.

travaux numismatiques, sigillographiques et archéologiques, dont on trouvera plus loin l'énumération. Leur examen nous entraînerait trop loin ; il nous suffira de rappeler que tous offrent, comme les précédents, une réelle valeur, et sont dignes d'attirer l'attention. Puis survient l'année 1853 qui voit s'accomplir deux événements d'une importance particulière pour sa carrière.

Depuis longtemps, nous l'avons dit, on connaît au Mans les aptitudes de M. Hucher pour la peinture sur verre. On sait qu'il a étudié tout spécialement les procédés de cet art si intéressant, qu'il en a suivi avec soin le développement et les progrès, lors de l'établissement des célèbres ateliers de MM. Lusson, Chatel et Fialeix, qu'il a travaillé de sa main aux vitraux du chœur de la Couture, enfin qu'il possède une connaissance approfondie des mosaïques et des admirables verrières des XIIe et XIIIe siècles. Attirées par cette réputation et par ces garanties exceptionnelles, non moins que par la fermeté de ses convictions religieuses, les Carmélites du Mans lui offrent la direction artistique de la fabrique de vitraux que des embarras financiers les obligent à fonder, avec le concours d'artistes chrétiens et les encouragements de leur évêque. M. Hucher accepte. Dès ce moment il ne cessera de guider l'inexpérience des pieuses filles de sainte Thérèse, de leur indiquer les procédés, de leur servir d'intermédiaire avec le monde. Cette très honorable mission fournira un nouveau but à ses propres études, lui donnera l'occasion de les perfectionner, et avec le temps lui ménagera des succès industriels qui viendront s'ajouter à ses succès scientifiques pour faire connaître son nom.

Presque aussitôt, comme conséquence de la nouvelle œuvre qu'il vient d'entreprendre, M. Hucher annonce au public la publication des *Calques des vitraux peints de la cathédrale du Mans*, ouvrage considérable, qui étendra la réputation de son auteur bien au-delà des frontières de la province.

Dès l'année 1840, un architecte éminent, M. Delarue, alors chargé des travaux de restauration de la cathédrale du Mans, frappé de la maladresse avec laquelle on avait réparé quelques-uns des vitraux anciens les plus précieux, avait eu l'ingénieuse idée, pour éviter dans l'avenir leur destruction en détail, de les faire descendre des fenêtres, transporter dans les ateliers de MM. Chatel et Fialeix, et là d'en prendre des *calques* d'une exactitude scrupuleuse, qui pourraient au besoin tenir lieu des originaux et permettre de les restituer, en conservant rigoureusement la légende, le style et les moindres détails du dessin. Cette intelligente opération, fort approuvée par la *Société française d'archéologie*, fut poursuivie pendant plusieurs années (1), par M. Delarue et son successeur, M. Lassus, en dépit de quelques protestations sourdes. Son premier résultat fut de faciliter singulièrement l'étude des magnifiques verrières de la cathédrale. M. Hucher, que des liens d'amitié et d'estime attachaient à M. Delarue, n'avait pas tardé à l'encourager et à l'aider dans son travail. En 1848, la publication de ses *Études artistiques et archéologiques sur le vitrail de la Rose*, suivies, en 1850, d'une savante *Explication du vitrail des Monnayeurs*, lui assura même une large part dans cette grande œuvre, qu'il eût bientôt l'honneur de continuer personnellement, avec le concours d'un de ses plus fidèles amis, M. Léopold Charles, de La Ferté-Bernard (2). En 1853, grâce aux efforts combinés de ces vaillants artistes, le travail était très avancé et M. Hucher, qui avait reçu à différentes reprises les félicitations du *Comité des travaux historiques* « pour la beauté et

(1) Cf. *Archives historiques de la Sarthe*, p. 71, 92, 128. — E. Hucher, *Catalogue du musée archéologique du Mans*, Le Mans, 1869, p. 95. — L'abbé Pichon. *Travaux faits à la cathédrale depuis le Concordat*, etc.

(2) « Les plus beaux calques des vitraux de la cathédrale, ceux du » XIIe siècle, sont de la main de M. Charles ; ils ont laissé bien derrière, » en précision et en caractère, ceux qui avaient été faits jusque là ». E. Hucher : *M. Léopold Charles*, dans *l'Union de la Sarthe*, du 27 juillet 1874.

la fidélité de ses dessins » (1), prenait la résoluiton de mettre les précieux *calques* à la disposition du public (2).

L'entreprise était hardie et nouvelle, mais d'un grand intérêt au double point de vue artistique et industriel.

« La peinture sur verre en France, écrivait l'auteur en exposant son projet, n'en est plus à ses débuts, et cependant on ne peut pas dire qu'il se soit encore formé d'école proprement dite. Chacun s'empresse de produire, glanant çà et là ses types et ses moyens d'exécution, sans songer que le plus court chemin, pour arriver à imprimer à l'art une marche sûre et sagement progressive, c'est d'étudier avec soin les belles verrières des XIIe et XIIIe siècles.

« Voyez les artistes du XVIe siècle ; avec quelle ferveur n'ont ils pas étudié l'anti que avant de produire ces délicieux chefs-d'œuvre, pastiches, si l'on veut, d'un art plus sévère, mais qui n'en sont pas moins une des gloires du génie humain. Le XIXe siècle, qui aura eu l'honneur de faire pour l'art chrétien ce que le XVIe avait fait pour l'art paien, ne peut procéder autrement que son aîné... Je dirai plus, si l'architecture se prête dans une certaine mesure à l'étude d'après les réductions, la peinture sur verre, plus libre dans ses allures, réclame impérieusement des reproductions *in extenso,* des calques en un mot. Par là seulement l'artiste, l'archéologue, est initié au style et à la facture, cette compagne inséparable du style.

« Quel que soit le talent du dessinateur et du lithographe chargé d'une réduction de vitraux, la forme et la coloration s'altèrent dans ces traductions successives et souvent trop libres de l'original ; les meilleures réductions consti-

(1) *Bulletin des Comités historiques*, mars 1850.

(2) Les *calques* originaux sont aujourd'hui déposés au musée archéologique, auquel ils ont été donnés par MM. Delarue et Hucher. Cette précieuse collection comprend : 1° les calques de tous les vitraux du Triforium ; 2° les calques des quatre grandes figures du Clerestory ; 3° ceux de la plupart des vitraux de la chapelle du Chevet ; 4° les calques d'une grande partie des vitraux de la Rose.

tuent presque toujours de mauvais modèles à suivre, des modèles inéxécutables et sous le rapport de la coloration et sous celui de la forme.

« Les calques que nous publions aujourd'hui, donneront, pour la première fois, des spécimens exacts de nos verrières des XII° et XIII° siècles. On y retrouvera le style et la facture dans tout ce qu'elle a de plus naïf et de plus original ; les applats, les demi-teintes, les tours de main et cette exécution hardie que donne une longue pratique de l'art...

« De plus, nos reproductions constitueront de véritables cartons, tout prêts à servir aux peintres sur verre qui se défieraient des compositions modernes. Nos calques formeront un vaste répertoire où les artistes puiseront, comme à une source pure, des enseignements rigoureux sur le costume, les poses et les gestes les plus habituels de nos pères ».

L'ouvrage, auquel le grand évêque du Mans, Mgr Bouvier, daignait accorder son haut patronage, devait comprendre *cent* planches, de quatre-vingt-dix centimètres de longueur sur soixante-quatre centimètres de largeur, enluminées à la main, et donnant chacune la réduction, au pantographe, des calques d'un ou plusieurs fragments de vitraux. Il devait paraître par livraisons de dix planches, accompagnées d'un texte rédigé par M. Hucher, en collaboration avec trois ecclésiastiques distingués du diocèse, MM. les chanoines Lottin et Sebaux (1), et M. l'abbé Launay, vicaire de la Couture, qui avaient bien voulu se charger plus spécialement de la partie liturgique. L'éditeur, M. Monnoyer, avait su apprécier la valeur de la publication ; il était résolu à tous les sacrifices pour seconder avec désintéressement les efforts de l'auteur, et soutenir la réputation de sa maison, l'une des meilleures et des plus anciennes imprimeries de province.

La première livraison parut dans les derniers mois

(1) Aujourd'hui Mgr Sébaux, évêque d'Angoulême.

de 1853. Elle comprenait les seize panneaux de l'*Arbre de Jessé*, superbe vitrail du XIIIe siècle, placé aujourd'hui dans la chapelle du Chevet ou de la Vierge. De toutes parts elle obtint un légitime succès ; peintres et archéologues furent

Fig. 2. — Vitrail de Saint-Etienne, à la cathédrale du Mans (XIIe siècle) : Saint Etienne chassé de la ville (Ubi sanctus Stephanus eicitur extra civitate). Réduction d'un médaillon des *Calques des vitraux peints de la cathédrale du Mans*. Ce vitrail est aujourd'hui placé dans la dernière fenêtre latérale du bas de la nef, côté de l'Evangile.

unanimes pour louer ce travail sans précédent, qui reproduisait l'aspect du vitrail lui-même et permettait en quelque sorte de toucher du doigt l'œuvre du verrier. Presqu'aussitôt, elle fût couronnée aux expositions régionales de Rennes et d'Avranches, et dès le 24 mars 1854, dans une séance tenue à Paris par la *Société française d'archéologie*, M. de Caumont annonçait, au milieu des applaudissements de l'assemblée, qu'une médaille d'argent était décernée à M. Hucher pour reconnaître le service rendu aux arts et à l'archéologie par la publication de ce splendide ouvrage (1).

La deuxième livraison, publiée au commencement de l'année 1855, en même temps qu'un excellent article sur l'*Étude des plus anciens vitraux peints*, fut entièrement consacrée à reproduire des vitraux antérieurs au XIIIe siècle, entre autres le fameux vitrail de *l'Ascension*, le plus vieil échantillon de peinture sur verre qui existe en France, et la *Légende de saint Gervais et de saint Protais*. Plus soignée encore que la première, cette livraison poussait la perfection jusqu'à rendre les coups de feu et les accidents de la coloration du verre qui jouent un si grand rôle dans le prestige des vitraux anciens. Les calques devenaient ainsi de véritables *trompe l'œil* ; il ne leur manquait plus que l'irradiation du verre, et cette interprétation saisissante initiait de suite le spectateur aux méthodes, aux procédés et jusqu'à la pratique de l'art.

Dès lors l'ouvrage excita une sorte d'admiration. Recommandé d'une manière toute particulière à l'attention du ministre par le *Comité des travaux historiques* et la *Commission des monuments*, « comme une des œuvres les plus » intéressantes et les plus utiles pour l'étude des anciens » vitraux » (2), il fut honoré de plusieurs souscriptions par

(1) *Bulletin monumental*, 1854, p. 593. — Cf. en outre : *Ibidem*, 1853, p. 578. — *Les Affiches du Mans*, 7 nov. 1854.

(2) *Bulletin du Comité de la langue, de l'histoire et des arts de la France*, II, p. 600. — «...La section croit toutefois devoir signaler à M. Hucher une modification qu'elle désirerait voir s'introduire dans l'exécution des planches, ce serait de distinguer par des traits d'une couleur différente l'armature en fer des vitraux qui est actuellement rendue par des lignes noires comme les traits du dessin original... »

les ministères de l'Instruction publique et des Beaux-Arts. Le Conseil général de la Sarthe, sur la proposition du préfet, M. Pron, accorda à l'auteur une subvention annuelle de trois cents francs (1), et le jury de l'Exposition universelle de 1855, consacrant en quelque sorte au nom de la France, le succès de l'entreprise, décerna à MM. Hucher et Monnoyer une médaille de 2e classe.

Cette récompense, fort rare et fort appréciée à l'époque, fit grand bruit dans la Sarthe. M. Hucher fut proclamé, par les journaux du département, « un de ces hommes qu'il est » bon de signaler à la reconnaissance publique, un de ces » savants dont la gloire rejaillit sur la province qu'il » habite » (2).

A partir de ce moment, la publication de l'ouvrage se poursuivit d'une façon régulière sous les auspices des deux prélats qui occupèrent successivement le siège de saint Julien, Mgr Nanquette et Mgr Fillion (3). Elle fut terminée en 1864, et on peut dire, sans exagération, qu'elle eût, à divers points de vue, des résultats importants. Au point de vue industriel, elle fournit aux peintres verriers un instrument de travail extrêmement précieux, qui les aida à former une génération d'artistes savants, auxiliaires habiles de nos architectes. Au point de vue artistique, elle contribua à faire mieux connaitre l'art national et chrétien de la peinture sur verre du Moyen-Age. Au point de vue local, elle étendit la renommée dont jouissaient déjà les magnifiques verrières de la cathédrale du Mans. Enfin, elle rendit célèbre le nom de M. Hucher.

(1) Cf. particulièrement : *Procès - verbaux du Conseil général de la Sarthe,* année 1855, *Rapport du Préfet*, p. 96.

(2) *Les Affiches du Mans,* 21 sept., et 21 décembre 1855. — *L'Union* des 30 août et 17 novembre 1855. — *Bulletin monumental,* 1855, p. 530, etc.

(3) *Bulletin monumental,* 1856, p. 420 ; 1858, p. 447 et 649. *Les Affiches du Mans* 15 mai 1857. — *L'Union* du 23 juin 1859, etc.

Les *Calques des vitraux peints de la cathédrale du Mans* sont, en effet, un *monument*, un modèle unique en son genre, aujourd'hui connu et admiré dans toute la France, en Belgique, en Prusse et dans la plupart des pays de l'Europe. Ils mériteront à leur auteur les plus flatteuses distinctions et lui assureront une incontestable notoriété dans le monde savant.

III

Bien d'autres, absorbés par un tel labeur, auraient cru pouvoir restreindre le champ de leurs études, et jouir en paix d'un succès déjà suffisant pour satisfaire d'ardentes ambitions. M. Hucher, entraîné par le seul amour de la science, redouble d'activité et poursuit simultanément les travaux les plus variés.

Tout en publiant ses magnifiques *Calques*, il donne tour à tour, à la *Revue numismatique* des *Études sur le symbolisme des médailles gauloises antérieures au système épigraphique*, et une série de *Lettres sur la numismatique gauloise*, qui attirent, par leurs révélations inattendues, l'attention des numismates de France et de Belgique ; au *Comité des travaux historiques*, des communications toujours remplies d'originalité et d'érudition : au *Bulletin monumental*, des articles sur la *Sigillographie du Maine*, les *Enseignes de pélerinage*, la représentation de l'*Immaculée-Conception au Moyen-Age* etc., accompagnés de vignettes, de sceaux, de médailles, dessinés par lui avec son habileté ordinaire.

En 1856, il réunit dans un volume intitulé : *Études sur l'histoire et les monuments du département de la Sarthe*, dix excellentes dissertations qu'il a consacrées, à diverses époques, à rectifier et à éclaircir plusieurs questions d'archéologie locale. Ce livre, ou plutôt ce recueil, est accueilli avec faveur et empressement, « car il ne s'adresse » pas exclusivement à un petit nombre d'initiés, mais il

» offre aux gens du monde une lecture bien faite pour leur » inspirer le désir de se familiariser avec une science qui » n'a rien d'aride sous la plume élégante et facile de » M. Hucher. Il est en outre enrichi d'un grand nombre de » gravures et de dessins, dus, pour la plupart, à l'habile » crayon de l'auteur, et qui donnent au texte un attrait de » plus. On ne saurait, au dire de tous, choisir un meilleur » guide que M. Hucher, et il y a tout profit à entreprendre, » son livre à la main, un voyage rétrospectif au milieu des » richesses monumentales et historiques que possède la » province du Maine (1).

La même année, il est nommé membre associé de la *Revue numismatique belge* ; puis fidèle à ses nobles sentiments d'artiste chrétien, il accepte de faire partie du comité créé par l'évêque pour réunir les documents relatifs au culte de la sainte Vierge dans le diocèse du Mans, à l'occasion de l'érection de la statue monumentale de N.-D. de France, sur le rocher du Puy (2). On se rappelle que cette statue devait être fondue avec des canons russes pris à Sébastopol, et cette grande pensée, bien digne de la France catholique, ne pouvait manquer d'émouvoir l'âme religieuse et française de M. Hucher. En toutes circonstances, notons-le au passage, celui-ci était heureux de mettre son double talent de dessinateur et de graveur au service de l'Église, dont il se faisait gloire d'être le fils respectueux et soumis.

C'est à lui que l'on doit le joli sceau adopté par Mgr Nanquette à son arrivée au Mans et le dessin du médaillon dit *Les Miracles de Saint Julien*.

Non moins estimé des autorités administratives que de

(1) *Les Affiches du Mans* des 28 décembre 1855 ; 29 janvier, 21-28 mars, 22 avril 1856. — *L'Union de la Sarthe*, des 4-6 mars et 10 avril 1856 ; *Comptes-rendus* signés A. Vallée et Paul Pougin, (extrait du *Moniteur*). L'ouvrage avait paru dans les derniers jours de 1855 avec la date de 1856.

(2) *La Chronique de l'Ouest*, 1er avril 1856.

Fig. 3. — Sceau de Mgr Nanquette, composé et dessiné par E. Hucher.

Fig. 4. — Les miracles de saint Julien, médaillon composé et dessiné par E. Hucher. (Communiqué par M. Monnoyer).

l'Évêque, M. Hucher est désigné en 1857, lors de l'Exposition régionale du Mans, pour faire partie de la commission d'organisation. Il participe activement au succès de l'exposition des Beaux-Arts, et y prend part personnellement en exposant plusieurs planches et des eaux-fortes dessinées de sa main. Membre du jury, hors concours, il ne peut obtenir de récompense, mais il a la satisfaction de voir décerner une médaille d'honneur à l'atelier du Carmel, pour un vitrail commandé par M. Pron, préfet de la Sarthe, et représentant *Saint Augustin écrivant une règle d'ordre religieux* (1).

Quelques mois plus tard, dans le cours de l'année 1858, parait la première partie de l'*Histoire du Jeton au Moyen-Age*, publiée en collaboration avec M. Jules Rouyer. C'est, comme on le sait, à la France et selon toute apparence au XIIIe siècle, que revient l'innovation des jetons de métal, couverts de types et de légendes, à l'aide desquels nos pères *gettaient*, c'est-à-dire comptaient et faisaient toutes les opérations d'arithmétique, même les plus compliquées. Les jetons furent d'abord en cuivre et en plomb pour les classes moins aisées ; pour les plus hautes on en fit en argent, quelquefois en or. A partir de saint Louis, les rois, les reines, les barons et les villes eurent des jetons spéciaux qui sont pour la plupart des pièces curieuses au point de vue de l'art dont elles signalent la marche. En dépit de leur usage fréquent, pendant le Moyen-Age, l'étude de ces médailles avait été jusqu'alors très négligée et personne n'avait songé à en tirer parti pour l'histoire de la langue et des mœurs, que leurs naïves légendes concourent cependant à faire connaitre très utilement. Après avoir réuni près de deux mille de ces jetons, MM. Hucher et Rouyer avaient entrepris de combler la lacune. Le sujet était absolument neuf, les matériaux abondants ; l'œuvre, traitée de main de maitre, donnait pour

(1) Cf. *Exposition régionale du Mans en 1857*. Le Mans, 1857, in-8.

la première fois un grand nombre de jetons de personnages célèbres. Elle fut comprise et hautement appréciée.

L'Académie des Inscriptions et Belles-Lettres lui accorda

Fig. 5. — Jeton de Marie de Luxembourg, comtesse de Vendôme et de Saint-Pol, dessiné par E. Hucher. (*Mél. de Num.*, p. 245).

Fig. 6. — Jeton de la Chambre des Comptes de Bourges, dessiné par E. Hucher. (*Mél. de Num.*, p. 247).

Fig. 7. — Jeton de Germaine de Foix, reine de Castille, Aragon, Sicile et Naples, dessiné par E. Hucher. (*Mél. de Num.*, p. 251).

une mention *très honorable* au concours des antiquités de France, et le rapporteur, M. Léon Renier, en témoignant le regret que l'ouvrage n'eut put obtenir davantage, parcequ'il n'était pas complet, s'exprima dans les termes les plus flatteurs : « Ce livre, dit-il, est habilement conçu, méthodi- » quement composé et bien écrit, ce qui est toujours un » grand mérite, même dans un traité de numismatique. » MM. Rouyer et Hucher ont remarqué que les jetons sont, » dans la science des médailles, ce que les anecdotes sont » dans l'histoire : c'est pour cela sans doute qu'on les a si » peu étudiés et qu'ils n'ont point encore été l'objet d'un » travail d'ensemble. Mais les anecdotes peuvent servir » quelquefois à l'éclaircissement de questions historiques » d'une grande importance, et MM. Rouyer et Hucher ont » su nous prouver que les numismates ou même les histo- » riens peuvent tirer grand parti de l'histoire des Jetons. Le » volume est accompagné de dix-huit planches dessinées et » gravées par M. Hucher avec un véritable talent » (1).

En présence d'un semblable jugement, porté *au nom de l'Académie* par un maître éminent, il est permis de dire que la publication de l'*Histoire du Jeton* fut, pour M. Hucher, un succès digne des précédents, qui consolida, s'il est possible, sa réputation scientifique et l'accrut davantage encore parmi les numismates.

Ces occupations si variées ne l'empêchaient pas de suivre, toujours avec la même exactitude, les séances de la *Société française*, parvenue au Mans, vers cette époque, au plus haut dégré de prospérité. Ses intéressantes communications et les articles d'archéologie qu'il ne cessait de donner au *Bulletin monumental* lui avaient acquis depuis longtemps la reconnaissance de la *Société*. En 1859, il fut nommé inspecteur du département de la Sarthe, et presqu'en même temps conservateur-adjoint du musée des monuments historiques, dont M. Drouet, affaibli par l'âge et les infirmités, ne pouvait plus conserver seul la direction.

(1) *Le Progrès* du 22 avril 1862. — *L'Union* du 28 novembre 1857 ; *Les Affiches du Mans* du 1er décembre 1857; *Compte-rendu* signé L. Charles. — *Bulletin monumental*, 1857, p. 665 etc.

Dès lors, on peut dire que M. Hucher se multiplie pour répondre aux nouvelles missions qu'on vient de lui confier. De 1859 à 1862, il trouve moyen d'étudier le grand couteau de Charles-le-Téméraire, un des objets les plus curieux du musée du Mans, ainsi que le fameux Émail de Geoffroy Plantagenet au sujet duquel il commence une longue discussion, dont nous reparlerons plus loin, avec M. Jules Labarte, auteur du bel ouvrage : *L'Émaillerie dans l'antiquité et au Moyen-Age*, qui veut « déflorer ce précieux monument » en l'attribuant à Henri II Plantagenet, c'est-à-dire aux dernières années du XIIe siècle ; il offre son concours désintéressé pour la restauration des vitraux de la cathédrale, très gravement endommagés par la grêle du 18 août 1858 (1) ; il conduit, de concert avec M. d'Espaulart, des fouilles entreprises par la *Société française* pour retrouver, sur la place du Château, les fondations de l'enceinte gallo-romaine et du donjon de Guillaume le Conquérant (2) ; il contribue à préparer, en qualité de membre de la commission d'organisation, l'exposition sarthoise au concours régional de Nantes ; il encourage par des appréciations bienveillantes, insérées dans les journaux du département, les premiers essais

(1) Par une lettre du 13 novembre 1860, le préfet de la Sarthe informa M. Hucher « que ses études spéciales sur les vitraux devant rendre sa » coopération utile et contribuer à assurer la bonne exécution des » travaux, S. Exc. M. le ministre de l'Instruction publique et des cultes » avait accepté l'offre de son concours et décidé qu'il serait chargé » particulièrement de la recherche et de la classification des sujets ». Par suite de circonstances que nous n'avons pas à rappeler ici, la restauration fut conduite avec une extrême lenteur ; aujourd'hui même elle n'est pas terminée et un certain nombre de verrières n'ont pas encore fait retour à la cathédrale. A plusieurs reprises, M. Hucher se fera un devoir de protester énergiquement contre cet état de choses, très regrettable à tous égards.

(2) Cf. *Congrès archéologique* de 1862, p. 558. — M. Hucher a laissé dans ses papiers plusieurs dessins inédits très intéressants « des objets les plus curieux trouvés dans ses fouilles ». Nous espérons que la *Revue historique et archéologique du Maine* pourra les publier prochainement.

« très méritoires » de peintures murales décoratives dans l'église du Pré, et de dallage émaillé dans la chapelle de la Vierge de la cathédrale ; il s'efforce par des soins de chaque jour d'enrichir les collections du musée d'antiquités ; en un mot il dirige, avec une ardeur infatigable et une compétence particulière, un mouvement archéologique des plus vigoureux et des plus honorables pour la ville du Mans ; bien mieux, il soumet au Comité des travaux historiques le premier projet d'un *Répertoire archéologique du département de la Sarthe*, publication d'un intérêt et d'une utilité incontestables (1).

De tels services demandaient une récompense officielle. Le gouvernement le comprit, et par décret du 15 août 1862, M. Hucher fut nommé chevalier de la légion d'honneur, en même temps que M. Tarot, l'excellent inspecteur d'Académie qui devait laisser dans la Sarthe des souvenirs si profonds et si sympathiques. Inutile d'ajouter que ces nominations furent unanimement approuvées, et le *Progrès*, journal de la préfecture, put dire triomphalement ce jour là, sans crainte d'être démenti par l'opinion publique : « Le choix des » nouveaux promus honore à la fois le gouvernement et » l'administration toujours heureux de distinguer le vrai » mérite ! »

Le 14 novembre suivant, M. Drouet meurt à l'âge de 84 ans, après une carrière des mieux remplies, et l'administration municipale s'empresse de nommer M. Hucher directeur en titre du musée d'antiquités. Ce choix n'était qu'un acte de justice, mais la ville du Mans en fût bien récompensée. Mettant à profit, dans l'intérêt public, ses hautes relations scientifiques, ses goûts de collectionneur éclairé et

(1) L'impression du manuscrit, proposée dans la séance du *Comité* du 10 janvier 1865, sera présentée comme très prochaine en 1867. Les événements de 1870 auront empêché sans doute de mettre le projet à exécution. — Le manuscrit n'existe pas dans les papiers de M. Hucher, mais il est probable qu'il nous sera possible de le retrouver sous peu aux archives du *Comité*.

sa connaissance approfondie des arts du Moyen-Age, le nouveau conservateur provoqua bientôt, en faveur de *son* cher musée, des dons précieux et des générosités inattendues. Il l'aima, ce musée, avec toute la passion d'un artiste et dès lors il lui consacra la meilleure partie de ses loisirs. C'était pour lui une véritable joie de signaler au public, dans les journaux du département, les acquisitions nouvelles qui venaient l'enrichir, et c'est avec une *furia* toute française qu'il prenait sa défense, lorsqu'un touriste mal inspiré se permettait d'en médire !

Nous en citerons un exemple dont le souvenir mérite d'être noté. Au mois de juin 1863, M. Henri Lavoix, conservateur-adjoint du cabinet des médailles à la Bibliothèque nationale, qui traverse Le Mans pour se rendre à l'exposition régionale de Rennes, ose dire, dans un journal, « que les musées du Mans sont *fort pauvres* (1) ». Il s'attire aussitôt, de la part de M. Hucher, une réplique mémorable qui révèle, sous une forme caractéristique, l'attachement de l'honorable directeur au musée qu'on lui a confié, et ses sentiments de patriotisme local : « Les musées de province, » écrit M. Hucher dans son indignation, n'ont pas beau jeu » avec MM. les Parisiens : ils sont un peu traités comme » autrefois les vilains par les grands seigneurs, c'est-à-dire » sans ménagements ». Puis, après avoir énuméré fièrement les richesses de *ses* musées : le célèbre émail de Geoffroy Plantagenet, le grand couteau de Charles le Téméraire, « véritable bijou émaillé en taille d'épargne et délicieusement ciselé », la grande plaque de Charles de Blois, « pièce unique qu'envient tous les musées numismatiques, (au musée de la ville) ; les statues tombales des vicomtes de Beaumont « dont l'une est un des plus curieux spécimens de la statuaire civile au XIe siècle », le fameux plan des ruines d'Allonnes, « qui, au dire de M. de Caumont, n'a pas

(1) *Le Progrès* du 13 juin 1863.

son pareil en Europe », l'exemplaire à fleur de coin du denier d'argent d'Auguste, « plus beau que celui du cabinet impérial et introuvable dans ces conditions », (au musée archéologique), il termine par cette chaleureuse protestation : « Un musée de province peut être pauvre pour un parisien » distrait. Il ne l'est jamais pour un enfant du pays qui » étudie les traces de son antique splendeur avec recueil- » lement et respect ! » (1).

Au reste, M. Hucher ne se contente pas de venger en

Fig. 8. — Demi statère d'or des Unelles et des Baiocasses. (*Art Gaulois*, 2e pl., no 1).

paroles l'honneur scientifique de la ville du Mans. Il le venge, mieux encore, par des actes et des découvertes nouvelles. C'est, en effet, vers la même époque, en 1863, qu'il fait connaître au public la date de 1145 retrouvée par lui sur le premier pilier du chœur de la cathédrale, date de la plus haute importance, qui donne la clef de toute la partie architecturale du monument et devient l'objet d'une discussion savante avec deux archéologues anglais, M. Parker,

(1) *Le Progrès* du 18 juin 1863.

d'Oxford, et M. William Burges. C'est ensuite en 1864, qu'il communique au Congrès des sociétés savantes ses premiers aperçus sur l'*Art gaulois*, aperçus si originaux et si intéressants, « que la séance est un instant interrompue par l'em- » pressement des assistants à venir admirer les beaux » dessins de M. Hucher », et qu'au dire du procès-verbal officiel « cette lecture est un double succès pour l'artiste et » pour l'archéologue » (1). Enfin, c'est à ce moment même, qu'ayant définitivement terminé la publication des *Calques des vitraux de la cathédrale*, il commence à préparer son grand ouvrage sur l'*Art gaulois* qui surpassera ses travaux précédents et sera peut-être l'œuvre principale de sa vie.

Pour mener à bonne fin une telle entreprise, il faut au talent le plus actif du calme et des éléments de travail. Depuis 1861, M. Hucher, tout en conservant un appartement au centre de la ville, est venu s'établir à quelques kilomètres du Mans, à sa propriété de la *Renardière*, située sur les bords de la Sarthe, dans un paysage agréable, au milieu des bois et des prairies, à l'abri du coteau agreste que surmonte la *Tour des Fées*. Cette ruine pittoresque, dernier débris d'un édifice gallo-romain remanié au Moyen-Age et peuplé par l'imagination populaire de naïades et de fées bienfaisantes, semble tout particulièrement destinée à évoquer les souvenirs historiques et à provoquer les études sérieuses. M. Hucher subit l'influence d'un voisinage si conforme à ses goûts. Il voua une affection profonde à ce site solitaire. Son esprit, déjà muri par l'expérience, s'y retrempa dans une jeunesse nouvelle, au milieu des joies de la famille, loin du tumulte de la ville, et acquit par la méditation la plénitude de sa vigueur.

La Renardière devint ainsi pour M. Hucher une sorte de sanctuaire. C'est là qu'il entassa ses collections d'objets d'art, de jetons, de sceaux et de médailles, collections infini-

(1) *Revue des Sociétés savantes*, 1864, p. 454.

ment précieuses, comme on peut en juger par le *Catalogue* de sa collection de sceaux publié en 1863, qui comprend cent dix numéros et donne la description de plusieurs pièces

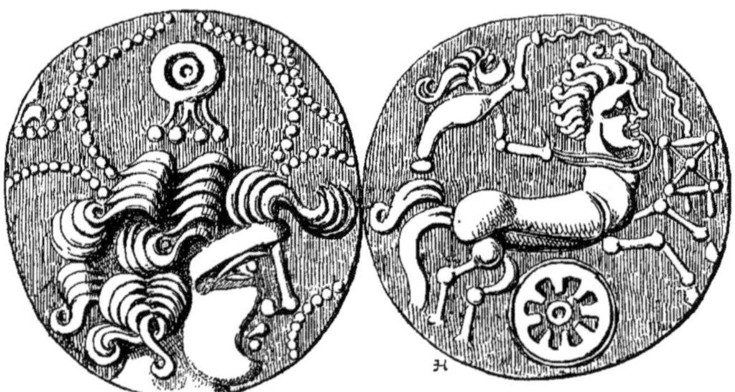

Fig. 9. — Médaille d'Ogmios, avec la roue particulière aux Redons, aux Pictons et aux Cénomans. (*Art Gaulois*, 2e pl., n° 23).

fort rares. C'est là qu'il reçut à diverses époques la visite de savants illustres, tels que M. de Caumont et Henri Martin,

Fig. 10. — (*Art Gaulois*, 2e pl., n° 29 bis).

attirés tout à la fois par leur amitié pour le propriétaire et par ses richesses artistiques.

Henri Martin vint à l'automne de 1864. Il fut si enchanté

de son excursion qu'il en publia le récit dans le journal *Le Siècle*. « C'était, dit-il, une excellente introduction au » voyage de Bretagne, que de visiter, aux environs du Mans, » le médailler celtique de M. Hucher, précieuse collection » qui garde sa valeur même en présence de la magnifique » collection générale celtique formée par M. de Saulcy. On » y rencontre les types numismatiques les plus originaux et » les plus curieux des tribus de l'Ouest.

» On y reconnait l'antique importance et la civilisation » relative des *Pictons*, des *Namnetes* et des *Cénomans*. » On voit dans ces monnaies comment les types em- » pruntés aux Grecs se nationalisent et se transforment » en types vraiment gaulois, comment, par exemple, le » cheval grec et macédonien devient le fantastique cheval » à face humaine. La fameuse *danse du glaive*, la danse » guerrière des anciens Gaulois est figurée sur trois de » ces médailles : dans l'une, un guerrier bondit en bran- » dissant d'une main la hache de bataille et rejetant, » de l'autre, en arrière, sa longue chevelure flottante ; sur » une seconde, un guerrier danse devant un glaive suspendu ; » il répète évidemment l'invocation du chant des *Barzaz-* » *Breiz* : O glaive ! O grand roi du champ de bataille ! » O glaive ! O grand roi ! » (1).

Toutefois, M. Hucher ne se laissait jamais entrainer par la passion aveugle du collectionneur ; il ne perdait jamais de vue le but sérieux à atteindre et il ne se faisait pas faute de flageller spirituellement la *manie* de certains amateurs d'occasion. Ses idées à ce sujet sont trop justes pour ne pas être citées : « On aime toujours les belles choses dans la classe » élevée de la société moderne, dit-il dans un article du » 11 mai 1864, mais on les aime platoniquement et en y » touchant le moins possible. On achète toujours un plat

(1) *Le Siècle* du 19 octobre 1864, article intitulé : *Les antiquités bretonnes ; les monuments celtiques ; la région de l'Ouest ; du Mans à Vannes* », et reproduit par *le Progrès* du même jour.

» émaillé de Jehan Limouzin ou un bassin de Suzanne de » Court quelques huit mille francs.... Mais est-ce bien » l'amour de l'art qui inspire ces hautes folies et n'est-ce pas » plutôt affaire de vanité? Le premier feu passé, le cher objet » trônera dans l'antichambre entre deux monstres du Céleste » Empire; dans un moment de dégoût, il sera de nouveau » mis en vente et sortira de France au grand détriment des » études nationales... Le pur amour de l'art ou de la science » n'a pas besoin de se révéler d'une manière aussi onéreuse. » Un encouragement donné à propos à un artiste méritant; » un monument intéressant sauvé de l'oubli,... un simple » crayon manié avec adresse; une palette qu'on aime à » charger de couleurs; quelques tons heureux qu'on ravit à » la nature,... l'*être* substitué au *paraître*, voilà comment on » voudrait voir interpréter l'art dans les régions fortunées » où l'heureux loisir donne la main à dame Richesse. Aussi » bien tout le monde y gagnerait : l'art et les artistes qui en » profiteraient les premiers : les ennuyés et les dégoutés qui » verraient bientôt disparaître tous les diables bleus que la » satiété traîne après elle ! » Excellents conseils, salutaires enseignements qu'on ne saurait encore trop méditer à l'heure présente ! (1).

A la différence, d'ailleurs, d'un grand nombre de savants qui n'étudient que pour eux et réservent leur science à eux seuls, M. Hucher, parvenu au sommet de sa carrière, ne cessera de *vulgariser* le résultat de ses études et de ses réflexions, cherchant à en faire profiter ses concitoyens de toute classe, de tout ordre. Au public instruit et intelligent, il racontera, sous forme de *Causeries artistiques et scientifiques*, les explorations de M. de Saulcy en Palestine ou les voyages du duc de Luynes en Orient; il fera connaître les collections célèbres du comte de Clermont-Gallerande ou les trouvailles récentes de monnaies anciennes; il

(1) *Le Progrès* du 11 mai 1864.

rappellera, à l'occasion de la publication de la *Vie de Jésus* de Renan, « que le Christianisme qui a aboli l'esclavage » antique et après lui le servage féodal, qui prépare chaque » jour l'amélioration de l'avenir, est une des plus grandes » étapes et des plus glorieuses de l'humanité, qu'aujourd'hui » encore il demeure l'expression la plus sublime de la » pensée humaine dans ce XIXe siècle, si habile, si raffiné, » si dédaigneux des formes vieilles » (1). Aux artistes, il prodiguera ses encouragements ; il réclamera pour eux le secours « de la grande voix de la presse qui souvent dissé- » mine et disperse aux quatre vents du ciel les efforts de » son incontestable puissance, et qui pourrait si utilement » faire profiter l'art et la science de ce don sacré d'émouvoir » que la Providence lui a donné » (2). Il signalera avec un patriotique orgueil les travaux des artisans manceaux, s'écriant en 1864 dans un heureux mouvement d'enthou- siasme : « Encore un effort, et la ville du Mans qui pendant » longtemps n'a dû une sorte de célébrité qu'à des volailles » dont l'élève lui est fort étrangère, sera classée parmi les » villes à foyer artistique où les œuvres de style et de pensée » sont en honneur » (3).

Les habitants du Mans et leur administration municipale savent au moins apprécier la générosité de ces sentiments et le mérite de ces efforts. M. Eugène Hucher est à leurs yeux une *personnalité* : ils lui accordent une confiance absolue dans tout ce qui concerne les questions de sa com- pétence, et ils ne dédaignent pas de mettre ses services à contribution. En 1865, ils le chargent ainsi d'organiser la grande cavalcade historique par laquelle ils se proposent de rehausser l'éclat de leur concours régional. M. Hucher se met à l'œuvre avec son zèle ordinaire : il choisit habilement le sujet, prépare les projets avec un soin extrême, dessine

(1) *Le Progrès* des 9 et 11 mars 1864.
(2) *L'Art en province,* dans le *Messager de la Sarthe* du 14 février 1865.
(3) *Le Progrès* du 27 juin 1864.

les costumes de sa propre main (1), et le 6 mai 1865, l'*Entrée de la reine Bérengère au Mans* est une des fêtes historiques les mieux réussies et les plus complètes qui aient été données jusqu'ici dans notre région.

Le 11 août de la même année, sur la proposition du vénérable évêque, Mgr Fillion, M. Hucher est nommé par Pie IX, chevalier de Saint-Sylvestre. Quelques mois après, il est décoré, par le roi de Prusse, de l'Aigle-Rouge, « comme » un témoignage de l'intérêt qu'ont excité en Prusse ses » ouvrages et notamment ses travaux sur les vitraux peints » de la cathédrale du Mans ». Dans la suite et par un sentiment de patriotisme facile à comprendre, M. Hucher dissimulera soigneusement cette dernière distinction. Nous n'avons pas hésité à la rappeler. Au moment où elle fut accordée l'Alsace et la Lorraine étaient encore françaises, le sol de la Sarthe n'avait pas été foulé par les hordes prussiennes, et on pouvait sans évoquer de sanglants souvenirs se réjouir de voir les travaux d'un savant manceau appréciés par l'érudition allemande.

IV

C'est en 1864, nous l'avons dit, au congrès de la Sorbonne, que M. Hucher avait émis, pour la première fois, avec un plein succès, ses aperçus généraux sur l'Art gaulois, et c'est à la fin de l'année suivante, au mois d'octobre 1865, époque à laquelle nous sommes arrivé, qu'il commence, par livraisons, la publication de son grand ouvrage intitulé : *L'Art gaulois ou les Gaulois d'après leurs médailles*.

Dès le premier abord, le sujet et le plan de ce nouveau travail étaient de nature à exciter un très vif intérêt : « On

(1) *Cavalcade historique représentant l'entrée solennelle de la reine Bérengère et de Philippe-Auguste au Mans, en 1204* ; projet présenté le 6 février 1865 et adopté le 27 du même mois. — Le Mans, 1865, in-4. 21 p. avec dessins.

s'occupe aujourd'hui beaucoup des Gaulois, disait l'auteur, et c'est justice, il coule encore beaucoup de sang gaulois dans nos veines : nos assemblées délibérantes et nos expéditions lointaines rappellent à s'y méprendre l'ardeur dans la lutte, l'esprit d'entreprise et le courage militaire propres à la nationalité gauloise. C'est donc un tardif hommage rendu à la mémoire de nos aieux que de scruter leur histoire, leurs mœurs et les monuments d'art qu'ils nous ont laissés....

Fig. 11. — Médaille d'Apollon, du pays des Carnutes.
(*Art Gaulois*, 2e pl., n° 38).

Parmi ces monuments, il en existe de fort originaux, empreints assez profondément du sentiment de l'art pour nous donner des notions précises sur les mœurs, les coutumes, la religion, le costume, et dont, cependant, on a presque ignoré l'existence jusqu'à notre époque : ce sont les médailles. En les étudiant avec soin, en les comparant, en nous identifiant avec le style, la facture, les tours de main des graveurs gaulois, nous avons pu reproduire fidèlement avec une amplification très favorable à l'étude, les plus importantes de ces médailles.

« La plupart d'entre elles sont agrandies dans le rapport de 15 ou 18 à 1 : c'est dès lors comme si elles étaient vues à la loupe ; l'idée n'est pas nouvelle sans doute, mais c'est la première fois, croyons-nous, qu'on a approché si près de la forme antique.

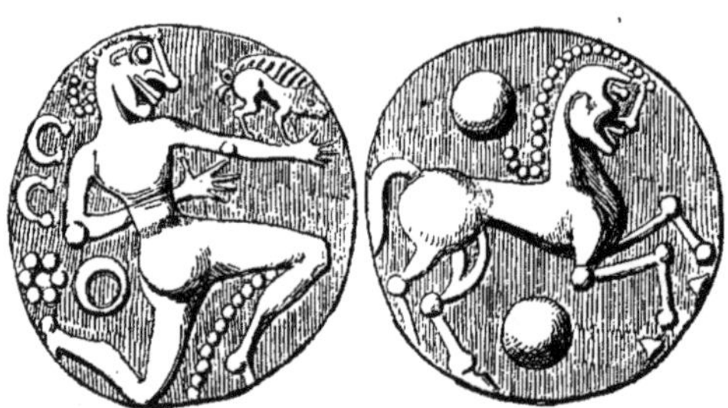

Fig. 12. — (*Art Gaulois*, 2e pl., no 57).

» A l'aide de notre travail, résumé de vingt années d'études et de recherches, le savant, l'archéologue, l'historien sera initié de prime saut et sans avoir besoin de compulser de

Fig. 13. — Quart de statère de l'est de la Gaule.
(*Art Gaulois*, 2e pl., no 28).

longs ou obscurs mémoires, à la connaissance de mille faits précieux touchant l'essence de l'art gaulois, ses affinités avec l'art grec, son émancipation dans la région armoricaine, puis ses emprunts à l'art romain ; il aura la transcription exacte et le dernier mot des légendes gauloises, tant controversées dans ces derniers temps. Enfin les types si origi-

Fig. 14. — Médaille trouvée à Alise-Sainte-Reine.
(*Art Gaulois*, 2e pl., no 160).

naux de l'Armorique défileront sous ses yeux, avec le prestige qui leur est propre ; il y verra ces coiffures cretées entourées de têtes coupées ou de feuillages symboliques, ces

Fig. 15. — Médaille d'Andobru. (*Art Gaulois*, 2e pl., no 162).

chevaux à tête humaine escortés d'acolytes porteurs de sanglants trophées ou de mystérieux tableaux... ».

« La pensée de *dessiner* ainsi l'*Art gaulois* ajoute autre part M. Hucher, nous est venue à la suite de l'Exposition de 1855, où nous avions été frappé du peu de notions précises que l'on possède sur le costume, les coiffures, les armes de nos ancêtres. Il faut aux personnes étrangères à l'étude de la numismatique un ouvrage clair et précis qui simplifie et élucide l'examen des médailles gauloises. Cet ouvrage, nous avons tenté de le donner en nous aidant d'un moyen que l'histoire naturelle emploie fréquemment lorsqu'elle veut imiter plus complétement le public aux secrets de la structure des petits animaux ou du tissu des plantes. »

La première partie de l'*Art gaulois*, composée de *cent une* planches, dessinées par l'auteur, et de huit feuilles de texte in-4°, parut de 1865 à 1868. Accueillie « avec une faveur inespérée », elle fut l'objet des appréciations les plus flatteuses et mérita à M. Hucher, avant même que la publication ne fut complète, de chaleureuses félicitations.

« L'idée d'agrandir les médailles n'est pas nouvelle, dites-» vous, lui écrit de Bruxelles dès le 12 juillet 1865, » M. Renier Chalon, l'éminent directeur de la *Revue numis-» matique belge*, c'est vrai. Mais l'idée de les agrandir pour » en faire, en quelque sorte, jaillir l'art, la forme abstraite » telle que la comprenaient les Gaulois, me paraît nouvelle : » je ne connais qu'un livre anglais, publié il y a trois ou » quatre ans, qui ait quelque rapport avec le vôtre... » — Je » me fais un plaisir, lui répond en 1867, M. Jules Desnoyers, » d'étudier vos fidèles dessins, véritablement instructifs et » j'attends avec impatience le texte qui les fera valoir encore » davantage ». — « J'ai lu, du commencement à la fin, » reprend quelques mois plus tard M. de Longpérier, le texte » de votre *Art gaulois*. Je dois dire que c'est bien certaine-» ment ce que je connais de plus clair, de plus simple, et de » plus solide sur ce sujet. Vous écrivez en homme mûr, qui » a vu des révolutions numismatiques et qui sait le fort et le » faible des résultats. Je crois qu'un pareil travail est de

» nature à inspirer la confiance de ceux qui ont besoin de » s'appuyer sur l'archéologie gauloise. *Vous avez donc* » *pioché pour l'honneur du corps* ». — « Votre *Art gaulois* » m'enchante », ajoute le marquis de la Borde, alors directeur-général des Archives. — « Votre *Art gaulois* me plait fort, » dit M. A. de Barthélemy : je trouve vos planches excel- » lentes pour se graver des types dans la mémoire, votre » texte fort intéressant et fait avec une prudence que je loue » beaucoup » — « Votre beau livre est une véritable révéla-

Fig. 16. — Médaille de Diane, avec la légende *Massa*, Marseille. (*Art Gaulois*, 2e pl., no 186).

» tion », conclut le vicomte de Ponton d'Amécourt, le regretté fondateur de la *Société française de numismatique et d'archéologie*, dont M. Hucher est un des premiers membres et un des collaborateurs les plus estimés.

C'était une révélation, en effet, « car jusqu'alors on ne » connaissait guère les Gaulois que par leur vainqueur, par » l'auteur des *Commentaires* qui en parle à peu près comme » les généraux de l'armée d'Afrique parlent des Arabes ». Pour la première fois, les Gaulois se peignaient eux-mêmes par leurs médailles, et « leur physionomie réelle apparais-

» sait sous les traits de leurs grands chefs : Tasgetius, roi » des Carnutes, Divitiacus, l'ami de Cicéron, et surtout » l'illustre défenseur de l'indépendance, ce Vercingetorix » dont le nom doit être cher à tout français » (1).

Henri Martin, lui même, tint à honneur de faire connaître au public le résultat « des savantes et sagaces études de » M. Hucher et de le remercier du service qu'il avait rendu » à la science » (2), en publiant un livre qui est considéré, aujourd'hui encore, « *comme un des ouvrages fondamentaux* » *que l'on possède sur la numismatique et l'archéologie* » *gauloises* » (3). Quant aux critiques les plus sévères et les moins enthousiastes, ils n'avaient pu que reprocher à l'auteur quelques témérités étymologiques, provenant d'une connaissance insuffisante, à leur avis, de la grammaire comparée des langues indo-européennes (4), et exprimer timidement la crainte que l'innovation de M. Hucher, n'autorise chacun à « avoir sa loupe propre », c'est-à-dire à grossir tel ou tel détail pour les besoins d'un système préconçu.

En 1869, l'Académie des Inscriptions et Belles-Lettres complète ce grand succès en accordant le prix de numismatique, fondé par M. Allier de Hauteroche, à la première partie de *l'Art gaulois*, « qu'elle considère, dit le rapporteur, » M. Adolphe Regnier, comme un travail excellent, un *vade-* » *mecum* désormais indispensable à quiconque voudra se » livrer à l'étude des antiques monnaies de la Gaule ». C'est la première fois, remarquons-le à l'honneur de notre pays, qu'un ouvrage élaboré en province est couronné au concours de numismatique, et la récompense a d'autant plus de prix

(1) L. Charles, *Compte-Rendu* dans le *Bulletin monumental*, 1869, p. 111, et la *Chronique de l'Ouest* du 3 février 1869. — *Les Affiches du Mans* du 27 juillet, etc.

(2) *Le Siècle* et le *Messager de la Sarthe* du 8 sept. 1866.

(3) Arthur Engel et Raymond Serrure. *Répertoire des sources imprimées de la numismatique française*, Paris, 1887, in-8, t. I, p. 386.

(4) D'Arbois de Jubainville, *Compte-rendu* dans la *Revue celtique*, décembre 1871 à août 1872, p. 463.

que M. Hucher avait pour concurrent le savant baron d'Ailly qui travaillait depuis trente ans à un grand ouvrage sur les médailles des familles romaines, en trois volumes in-8, avec une centaine de planches.

Fig. 17. — Autre type de la médaille précédente. (*Art Gaulois*, 2e pl., n° 188).

Fig. 18. — Médaille de Diane, etc. (*Art Gaulois*, 2e pl., n° 191).

La deuxième partie de *l'Art gaulois* paraîtra en 1873 seulement, après les désastres de la guerre. Elle sera, en tous points, digne de la première. Bien plus, sans rien changer à son plan, qui sera toujours « d'éclairer les ques-

» tions épigraphiques, symboliques ou artistiques, par la » production d'éléments numismatiques nouveaux ou dessi- » nés avec plus de soin », M. Hucher apportera dans l'exécution matérielle de son travail de notables améliorations. C'est ainsi, entre autres, que sur les conseils d'un savant, « qu'un tact sûr dirige, il diminuera l'agrandissement peut-être exagéré des médailles et les insèrera dans le texte. Les nouvelles reproductions, dessinées et gravées par lui, n'en seront que plus remarquables par une finesse extrême et une exactitude désormais à l'abri de tout soupçon (1). Par là même aussi, M. Hucher justifiera pleinement cet éloge d'un de ses meilleurs amis, M. L. Charles, qui écrivait dès 1869, en annonçant la première partie de l'ouvrage : « L'auteur a le goût des longues et persévérantes entreprises, » chose rare de nos jours ; et qualité plus rare encore, il » sait les mener à bonne fin sans précipitation, sans découra- » gement et sans apparence de fatigue, avec un soin toujours » égal ».

La publication de *l'Art gaulois*, qui marque le point culminant de la carrière scientifique de M. Hucher, est de beaucoup l'événement le plus important de sa vie pendant les dernières années de l'Empire. Toutefois, de 1865 à 1870, il poursuit parallèlement à ce grand ouvrage, suivant ses habitudes d'extrême activité, un certain nombre d'autres travaux que nous ne pouvons passer sous silence.

En 1867, par exemple, au moment même où il est admis à faire valoir ses droits à la retraite comme receveur de l'Enregistrement, l'administration met de nouveau à contribution sa bonne volonté et son expérience pour l'aider à préparer la participation du département à l'Exposition universelle. Il est nommé tout à la fois, par le préfet de la Sarthe membre du comité départemental, et par le ministère

(1) Renier Chalon, *Compte-rendu*, dans la *Revue belge de numismatique*, 1872, p. 519, 1874, p. 109. — *L'Union* et *la Sarthe* du 1er juin 1874.

correspondant de la commission de « l'Exposition rétrospective de l'histoire du Travail ». Il envoie aussitôt à cette dernière commission des notes précieuses sur les costumes nationaux et les instruments de travail des Gaulois, puis il désigne, dans les deux musées de la ville du Mans, les objets

Fig. 19. — Grand sceau du chapitre du Mans, au XIVe siècle, reproduit par E. Hucher.

dignes de figurer à l'Exposition. Son concours est si efficace et si utile, que le jury lui décerne, à titre de récompense personnelle, une médaille d'argent.

D'autre part, il continue à adresser aux diverses *Revues* de la région et au Congrès des sociétés savantes d'excellentes études de numismatique, d'histoire ou d'archéologie, à donner aux journaux des articles aussi instructifs que variés, et à prodiguer tous ses soins au musée archéologique.

. En 1869, il publie le *Catalogue* de ce musée ; travail consciencieux qui comble une lacune regrettable et rend un réel service aux archéologues comme aux simples amateurs. La compétence exceptionnelle du conservateur a su effectivement lui donner un intérêt particulier en joignant à la nomenclature des objets des explications étendues et des dessins nombreux. Ajoutons que ce *Catalogue* permet de se rendre un compte exact des richesses que le musée doit à la générosité personnelle ou à l'heureuse intervention de M. Hucher. Ces richesses, déjà considérables en ce qui concerne les objets antiques, les monnaies gauloises et romaines, les sceaux, les moulages, etc., s'accroîtront encore par la suite : elles autorisent à dire que c'est principalement à son dévouement que la ville du Mans doit la précieuse collection qu'elle possède aujourd'hui (1).

Le 2 août 1869, M. Hucher est nommé officier d'académie ; quelques mois plus tard, au commencement de l'année 1870, il est élu président de la commission spéciale d'archéologie et d'art, que la *Société d'agriculture, sciences et arts de la Sarthe* vient de constituer parmi ses membres, « pour » activer dans le département le développement des études » historiques et artistiques, préparer les travaux de longue » haleine, favoriser l'enseignement archéologique par des » conférences, des séances générales et des expositions ».

Cet honneur, assurément, était bien dû à M. Hucher, car personne n'avait fait autant que lui pour provoquer et entre-

(1) C'est, entre autres, sur les instances personnelles de M. Hucher auprès de M. de Longpérier, alors directeur du musée des Antiques, au Louvre, que le musée du Mans obtint une centaine d'objets antiques, tels que vases étrusques ou grecs, terres cuites, marbres etc, provenant du musée Campana. C'est sur sa demande également et avec l'appui de M. de Talhouet qu'il obtint les curieux moulages des vases dits Borghèse et d'Albani etc.

tenir, dans toutes les classes de la société, ce mouvement artistique local, dont nous lui avons vu saluer les premiers symptômes avec tant d'enthousiasme. C'était même, on peut l'affirmer, une de ses principales préoccupations, et récemment encore il venait de développer sur ce sujet des idées remarquables. « La Révolution, écrivait-il ainsi en 1868, a emporté » comme un torrent impétueux, le bon et le mauvais, ce qui » faisait la ressource du pauvre et l'orgueil du riche, les » traditions d'art qui soutenaient toute une pléiade d'ingé- » nieux artistes et les grandes fortunes qui leur donnaient » l'occasion de développer leurs talents. Il s'agit maintenant » de refaire cette pépinière de travailleurs habiles, de » reconstituer ces traditions sans lesquelles il n'y a pas » d'exécution artistique possible. Cette tâche a été laissée » par l'État à l'initiative privée... C'est aux localités à pour- » voir par tous les moyens possibles à la renaissance du » goût et de l'amour du travail artistique dans la classe » ouvrière... Rendre attrayant le travail qui doit être le com- » pagnon des classes laborieuses serait avancer beaucoup la » question de leur bien être et de leur moralisation ». En conséquence, il proposait la création d'une société ayant pour but d'encourager parmi les ouvriers la culture des arts du dessin, en organisant des concours permanents avec prix et récompenses pécuniaires, et des expositions de travaux d'art. « Les classes éclairées de la société, ajoutait- » il en terminant, veulent aujourd'hui sincèrement le bonheur » du peuple et le perfectionnement de son intelligence ; or, » tout le monde comprend que les voies régulières de » l'étude et du travail peuvent seules conduire à ce double » résultat » (1).

En dépit des considérations si judicieuses qui l'appuyent, le projet n'est pas mis à exécution, mais M. Hucher ne se

(1) *Le Progrès* du 3 septembre 1868.

découragé pas. Au printemps de 1870, il donne chaque dimanche dans la salle du musée, ou à son domicile privé, rue d'Hauteville, lorsque le public est devenu trop nombreux, une série de conférences archéologiques et artistiques, « pour » remettre en faveur dans la ville du Mans l'étude de la » numismatique, source de distractions profitables et d'utiles » observations, et aussi pour aider à la création d'une » phalange laborieuse qui serve la science en même temps » que ses goûts personnels ».

Fig. 20. — Tristan et Yseult, miniature réduite et reproduite par E. Hucher.

Puis, tout en préparant un curieux travail sur les *Représentations de Tristan et d'Yseult au Moyen-Age*, il commence, dans le journal les *Affiches*, la publication d'une *Revue mansaise d'archéologie et d'art* ayant pour but de vulgariser les meilleurs procédés de reproductions artistiques, les découvertes intéressantes au point de vue local, et de faire connaître le résultat des fouilles qui vont être entreprises à l'occasion des grands travaux de la ville. Il profite de la circonstance pour rendre un nouvel hommage aux ouvriers habiles et aux artistes de mérite que le département de la Sarthe a eu la bonne fortune de voir surgir depuis la renaissance artistique des dernières années. Déjà cette phalange est nombreuse : au premier rang se trouvent les Blottière, les Cosnard, les Gaullier, les Renouard, travailleurs vaillants et modestes, dont les œuvres font honneur à notre région.

Fig. 21. — Tristan et Yseult : bas-relief de la maison de Jacques Cœur, à Bourges, dessiné et reproduit par E. Hucher.

La guerre avec la Prusse vient interrompre brusquement ces intelligents efforts et ce mouvement fécond. Pendant l'invasion, M. Hucher, malade et vivement affecté de nos désastres, se retire à la *Renardière* d'où il suit avec une patriotique douleur la marche des événements. Au mois de janvier 1871, après la prise du Mans, il y reçoit à plusieurs reprises la visite des coureurs prussiens (1). Comme la plupart de ses concitoyens, il subit avec une résignation courageuse la longue série des vexations, puis il en tire un enseignement salutaire : « Cette guerre, dit-il, doit nous » servir à reconnaître que nous manquons non de courage » ou d'esprit, mais de cette virilité intellectuelle que peuvent » seules donner des études persistantes et prolongées, ainsi » que la lutte contre les errements sensualistes qui menacent » d'envahir la société moderne ».

V

Sous l'impression de cette pensée et avec l'appui de M. de Caumont, M. Hucher est un des premiers à se remettre à l'œuvre, à la suite des revers de « l'année terrible ». Le 14 juin 1871, quelques jours à peine après la rentrée des troupes dans Paris, l'éminent directeur de la *Société française d'archéologie* et l'infatigable inspecteur de la Sarthe s'unissent pour organiser au Mans une séance générale, qui groupe, comme jadis, sous la présidence du préfet et de l'évêque, l'élite des archéologues du département. M. Hucher, pour sa part, fait à l'assemblée une importante communication sur l'émail de Geoffroy Plantagenet dont il poursuit la défense contre les opinions de MM. Labarte et Clément de Ris.

Presqu'aussitôt il reprend avec zèle, à la *Société d'agriculture, sciences et arts*, la direction de la *Commission*

(1) Dans un rapport adressé en 1872 à la *Société d'agriculture, sciences et arts de la Sarthe*, M. Hucher fait un tableau pittoresque de ces coureurs : « Un jour, dit-il, c'est un officier, le lieutenant Scheffer, qui paraît-il, connaît les bons nids ; il enfonce les armoires, pille les provisions et dévalise l'étable. Le lendemain, c'est un sergent boiteux, nerveux et mauvaise tête, qui traîne un rhumatisme depuis son entrée en campagne : il est très *lapinier*, et fait main basse sur les volailles et les lapins... ».

d'archéologie, imprime à ses travaux une activité jusqu'alors inconnue, et lui fait successivement étudier les maisons de la vieille ville, le tombeau de Charles IV à la cathédrale du Mans, des monnaies gauloises, des sceaux, des poteries romaines etc ; il a, par suite, la douce satisfaction de voir son fils, M. Ferdinand Hucher, faire ses débuts à cette

Fig. 22.
Sceau de Geoffroy d'Assé,
évêque du Mans (1270-1277).

Fig. 23.
Sceau de Jean de Chanlay,
évêque du Mans (1277-1294),

Dessinés par E. Hucher.

commission et lui soumettre plusieurs travaux intéressants. Vers la même époque également, M. Hucher provoque, sous les auspices de la *Société d'agriculture, sciences et arts*, la publication de la *Sigillographie du Maine*, recueil excellent, destiné à faire connaître les sceaux des évêques, des abbés, des barons et des principaux seigneurs de la province : comme toujours sa part personnelle dans ce travail est prédominante grâce à sa grande compétence en sigillographie, à la richesse de ses collections et à son talent de dessinateur.

Enfin, tout en dirigeant ces études exclusivement locales, il trouve le temps de soutenir, dans la *Revue des questions historiques*, une curieuse polémique contre Dom Fr. Plaine, au sujet des monnaies de Charles de Blois ; de préparer un projet de publication des Romans de la Table Ronde ; de découvrir le nom d'un maistre des œuvres de la cathédrale du Mans, au XVe siècle ; et même de publier, sous le pseudonyme de *Demophile*, un article politique des plus originaux sur *la discipline du parti de l'ordre*, article dans lequel il

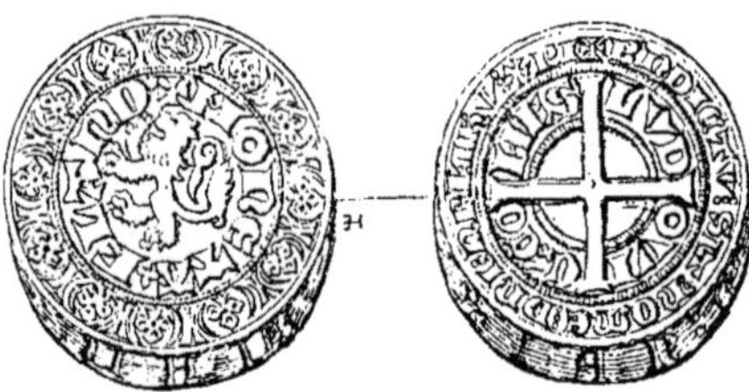

Fig. 24. — Pied-fort de Louis de Mâle. (*Mél. de Num.*, p. 456).

prêche chaleureusement la reconciliation du peuple et de la bourgeoisie, « le retour aux idées morales *et nécessairement* » *religieuses* qui ont assuré jusqu'ici la vie des sociétés » modernes ».

Le 23 décembre 1872, en reconnaissance des services exceptionnels qu'il a rendus depuis *vingt-trois* ans, en qualité de correspondant, M. Hucher est nommé membre non-résidant du *Comité d'histoire et d'archéologie* près le ministère de l'Instruction publique, distinction très rare et d'autant plus recherchée qu'elle ne s'accorde qu'à des savants d'un mérite hors ligne.

L'année suivante, il s'associe avec M. Édouard Rathouis, pour diriger, au double point de vue artistique et industriel, la fabrique de vitraux du Carmel que les religieuses ont définitivement abandonnée. Cette résolution lui impose certains travaux techniques, pour ainsi dire, tels que l'étude et la reproduction du magnifique vitrail royal de Saint-Lô, qu'il est chargé de restaurer, mais elle ne l'empêche pas de soutenir sa réputation numismatique par l'achèvement de l'*Art gaulois* en 1873, et par la fondation, en 1874, de concert avec MM. de Saulcy et Anatole de Barthélemy, des

Fig. 25. — Médaille d'Apollon-Belenus. Le revers porte un vase à anses dans lequel on doit voir, peut-être, la première expression du *Graal* des poésies armoricaines. (*Art Gaulois*, 2e pl., no 2).

Mélanges de numismatique. Le but même de ce recueil, destiné à suppléer à l'interruption de la *Revue numismatique* « qui a élevé si haut le niveau de la critique française », et la collaboration flatteuse qui unit le nom de notre compatriote à ceux de deux numismates des plus célèbres de France, indiquent suffisamment à quelle notoriété est alors parvenu l'auteur de l'*Art gaulois* (1).

(1) Dans le *Catalogue des monnaies gauloises de la Bibliothèque nationale*, rédigé par Ern. Muret et publié par les soins de M. A. Chabouillet, (Paris, Plon, 1889, gr. in-4o), le nom de M. Hucher sera cité presque à chaque page, avec l'indication des principales découvertes qui lui sont dues.

Cependant les événements politiques ont repris une marche rassurante, la réorganisation sociale s'accentue chaque jour davantage et les circonstances semblent redevenir favorables aux grandes entreprises. M. Hucher, qui conserve toute sa vigueur d'esprit malgré ses soixante ans, en profite pour donner encore, avant de terminer sa carrière,

Fig. 26. — Tristan et Yseult, miniature reproduite par E. Hucher.

trois ouvrages importants qui lui procurent de nouveaux succès et méritent, eux aussi, une place d'honneur dans la nomenclature de ses œuvres.

Le premier en date, composé de trois gros volumes in-18, parus de 1874 à 1878, est une savante édition du célèbre roman : *le Saint-Graal.* Depuis longtemps, M. Hucher a eu maintes fois l'occasion de constater « que notre ancienne littérature » nationale n'est pas assez connue » ; il a déploré surtout de voir les Anglais et les Allemands nous devancer dans la

Fig. 27. — Frontispice du *Saint-Graal*, composé et dessiné par E. Hucher. (Communiqué par M. Monnoyer).

publication des beaux romans de la *Table-Ronde*, « reflet » le plus complet que nous ayons du génie gaulois, christia- » nisé, anobli, mais gardant toutes ses fantaisies natives ».

De là, la patriotique pensée de donner une édition nouvelle du *Saint-Graal*, « afin d'initier le public français à cette » agréable littérature où le bien et le bon sont recherchés » avec ardeur et vulgarisés avec la plus louable insistance ». Pour un érudit manceau, d'ailleurs, le projet est particulièrement séduisant, car la bibliothèque du Mans possède un précieux manuscrit du XIIIe siècle qui contient une des versions les plus anciennes et les meilleures du *Saint-Graal:* cette leçon, très rare, n'existe même que dans un seul autre manuscrit parmi les quarante ou cinquante répandus dans les bibliothèques de l'Europe.

Dès l'apparition du premier volume, il fut aisé de se convaincre que l'œuvre ne laisserait rien à désirer. En outre du texte entièrement inédit du *Petit Saint-Graal*, emprunté aux manuscrits de la Bibliothèque nationale et de M. Ambroise Firmin-Didot, ce volume contenait en effet une dissertation d'un haut intérêt, sur la personnalité du romancier Robert de Borron. A tous égards il se présentait » comme une publication très sérieuse, très érudite, et les » thèses soutenues par M. Hucher étaient appuyées sur un » ensemble de preuves habilement groupées qui témoignaient » aussi bien de l'esprit fin et délié de l'auteur que de sa » connaissance approfondie du Moyen-Age » (1). — Je me » reproche, lui écrivait bientôt M. Paulin Paris, de ne pas » vous avoir encore félicité d'avoir eu le courage de mettre » sous presse votre grand travail qui probablement m'aidera » à redresser plusieurs de mes opinions précédentes. Nous » marchons sur un terrain assez mal assuré mais que nous

(1) *Le Saint-Graal* etc ; Compte-rendu signé A. Bertrand, dans la *Revue historique et archéologique du Maine* I, p. 143, II, p. 697, V, p. 414. — *L'Union de la Sarthe* du 23 janvier 1878 et du 22 mars 1879 ; Compte-rendu signé Durand du Camp etc.

» contribuerons de concert à mieux affermir. J'attends donc » la fin de votre *Graal* avec grande impatience, prêt à reconnaître que je me suis trompé ».

Cette fin sera digne du commencement et de la réputation scientifique de M. Hucher. « Il n'y a qu'une voix, lui dira » en 1879, M. Léopold Delisle, pour reconnaître le service » que vous avez rendu en arrachant aux manuscrits et en » faisant passer dans le domaine public des textes qui ont » tenu une si grande place dans la littérature française du » Moyen-Age... » Le succès, remarquons-le, était d'autant plus heureux qu'à l'époque de la Table Ronde les romans étaient un enseignement religieux, moral et chevaleresque, « qui apprenait à aimer Dieu et à protéger le faible ». D'autre part, le mérite de M. Hucher était d'autant plus grand qu'il abordait pour la première fois ce genre d'études, et qu'il se révélait aussi bon philologue que bon numismate et bon archéologue.

Quelques mois seulement après le premier volume du Saint-Graal, dans le cours de l'année 1875, paraissait le second des ouvrages dont nous parlons plus haut, c'est-à-dire le *Jubé du cardinal de Luxembourg, à la cathédrale du Mans*, magnifique album in-folio, comprenant huit planches lithographiées et quatre feuilles de texte.

De tous les monuments disparus dans la ville du Mans, le jubé, élevé au XVe siècle par le cardinal Philippe de Luxembourg dans sa cathédrale, était peut-être le plus digne de revivre aux yeux de la postérité. « Qu'on se figure, dit » M. Hucher, trois ou quatre étages de statues surmontées » de riches pinacles, des scènes à personnages multiples, » entourées d'un riche décor d'arcatures, de clochetons, de » frises à devises, en un mot de tout le luxe décoratif de la » fin du XVe siècle ; qu'on se représente tout un peuple de » personnages décorés de légendes et d'attributs,.. et l'on » aura une idée ébauchée de la grandeur et de l'importance » de cette composition ». C'était dès lors, au point de vue

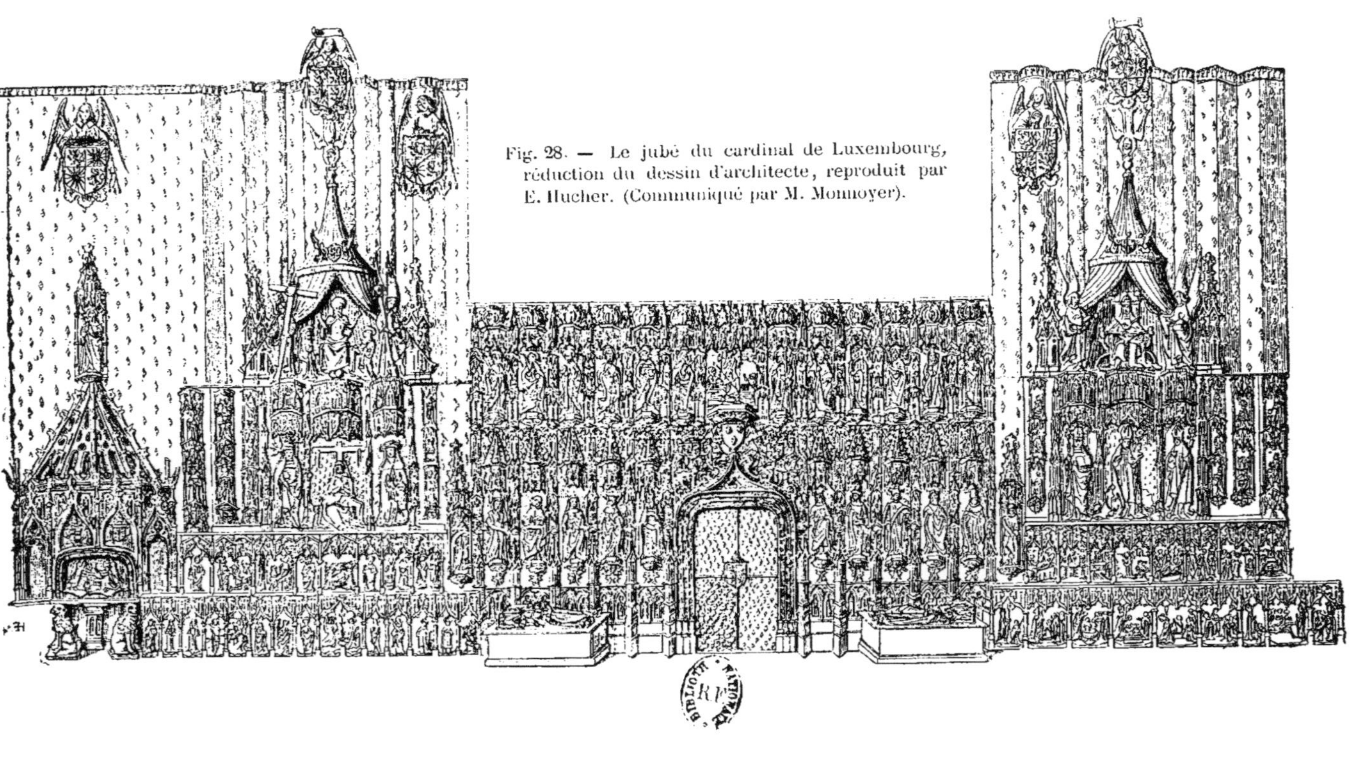

Fig. 28. — Le jubé du cardinal de Luxembourg, réduction du dessin d'architecte, reproduit par E. Hucher. (Communiqué par M. Monnoyer).

historique et artistique, une excellente idée de consacrer à une semblable merveille une étude détaillée, enrichie de nombreux documents inédits, et surtout de reproduire le *fac-simile* du splendide dessin sur parchemin qu'en avait exécuté à la plume un architecte du temps, et qui avait été acheté par le musée archéologique du Mans à la mort de M. d'Espaulart. Mais, pour mener à bonne fin cette double entreprise, « il ne fallait pas seulement avoir fait preuve » d'une vaste érudition : il était encore nécessaire de » posséder un crayon exercé qui se joue des difficultés et » se montre toujours prêt à traduire ce qu'un esprit patient » et sagace a finalement deviné » (1).

La publication du *Jubé du cardinal de Luxembourg*, si curieuse à tant de titres, suscita le plus vif intérêt dans le monde de l'archéologie et des arts. En 1876, elle mérita à M. Hucher, en outre des palmes d'officier de l'instruction publique, une grande médaille d'argent de la *Société française d'archéologie*, et mieux encore, la première médaille d'or de l'*Académie des Inscriptions et Belles-Lettres*, au concours des antiquités de France. M. Hucher, au dire du rapporteur, M. de Wailly, « à force de tact et de » patience, avait sauvé de l'oubli des éléments d'une valeur » incontestable pour l'histoire de la sculpture et de l'archi- » tecture française ». A l'étranger, l'ouvrage n'obtint pas un moindre succès. Il valut même à son auteur la croix de chevalier de l'ordre de Léopold de Belgique, « décoration » qui ne se donne qu'avec une extrême réserve (2) ».

Enfin, deux ans plus tard, en 1878, encouragé sans doute par ces hautes approbations, M. Hucher donnait un travail analogue sur *l'Émail de Geoffroy Plantagenet* qu'il n'avait

(1) *Bulletin monumental*, 1877, p. 86 et 198 ; Compte-rendu signé Léon Palustre. — *Revue du monde catholique* et *l'Union de la Sarthe* du 29 avril 1876 ; Compte-rendu signé E. Charles, rédacteur de la *France nouvelle*.

(2) *Lettre de M. Renier Chalon*, de Bruxelles, en date du 17 mai 1875.

cessé d'étudier depuis vingt ans. C'est en 1860, on se le rappelle, qu'il avait publié dans le *Bulletin monumental* son premier article sur cet émail, l'un des plus beaux et des plus grands que possède la France, et qu'il avait commencé avec M. Labarte une discussion d'un réel intérêt sur l'origine et la date du monument. La polémique s'était poursuivie à partir de cette époque, vive, serrée, chaleureuse, suscitant de part et d'autre des répliques parfois trop convaincues.... Confirmé dans son sentiment par ses études postérieures et par l'opinion d'archéologues illustres, tels que Viollet le Duc et M. de Verneilh, M. Hucher voulut, dans un dernier travail, résumer et trancher le débat. Sa dissertation, appuyée de documents inédits et de rapprochements ingénieux, établit, d'une façon presque certaine, que l'émail dût être composé au Mans, qu'il offre bien réellement le portrait de Geoffroy Plantagenet, et qu'il faut y voir un témoignage de reconnaissance de l'évêque du Mans envers le prince qui lui a rendu un service important. Une magnifique reproduction de l'émail, en photochromie, due au talent de M. Hucher, accompagne le texte et en augmente la valeur.

L'Émail de Geoffroy Plantagenet reçut, lui aussi, un accueil des plus flatteurs. Il excita très particulièrement l'attention, et en 1879 l'Académie des Inscriptions et Belles-Lettres lui accordera une médaille, en même temps qu'aux *Monuments funéraires de la famille de Bueil,* étude remarquable d'archéologie publiée dans le *Bulletin monumental,* vers la fin de l'année 1878.

Mais, pendant que M. Hucher soutenait ainsi brillamment la notoriété de son nom, le mouvement archéologique, dont nous avons signalé à plusieurs reprises les phases intéressantes, reprenait dans la Sarthe, sous une forme rajeunie, une vigueur inattendue. Depuis la guerre, il s'était formé peu à peu une génération de jeunes travailleurs, remplis de bonne volonté et d'ardeur, prêts à entrer à leur tour dans la carrière et à marcher sur les traces des maîtres respectés

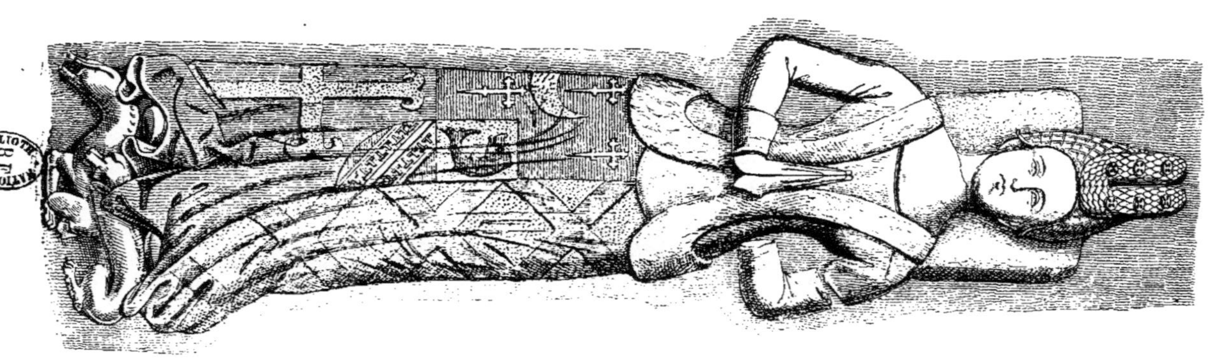

Fig. 29. — Statue tombale de Jeanne de Montejean, dessinée par E. Hucher. (*Mon. fun. de la famille de Bueil ;* com. par M. Palustre.)

qui avaient fait jadis honneur à la ville du Mans. Laborieux et actifs, ils crurent en 1876 le moment opportun pour élargir les cadres des érudits manceaux, et ils fondèrent au Mans, à côté de la vieille *Société d'agriculture sciences et arts*, déjà plus que centenaire, une nouvelle société savante : la *Société historique et archéologique du Maine*. Sympathiquement accueillie dans les deux départements de la Sarthe et de la Mayenne, cette société n'avait pas tardé à grouper

Fig. 30. — Sceau des foires de Sancerre. (*Mon. fun. de la famille de Bueil;* communiqué par M. Palustre).

un nombre de membres considérable pour la province, et à donner une heureuse impulsion aux études historiques. Attirée de son côté par ces circonstances favorables, la *Société française d'archéologie*, toujours prospère dans le Maine, avait désigné la ville du Mans comme siège du congrès archéologique de 1878.

Préparé et habilement dirigé par M. Léon Palustre, alors directeur de la *Société française*, le congrès s'ouvrit solennellement le 20 mai 1878, dans la grande salle du Conseil

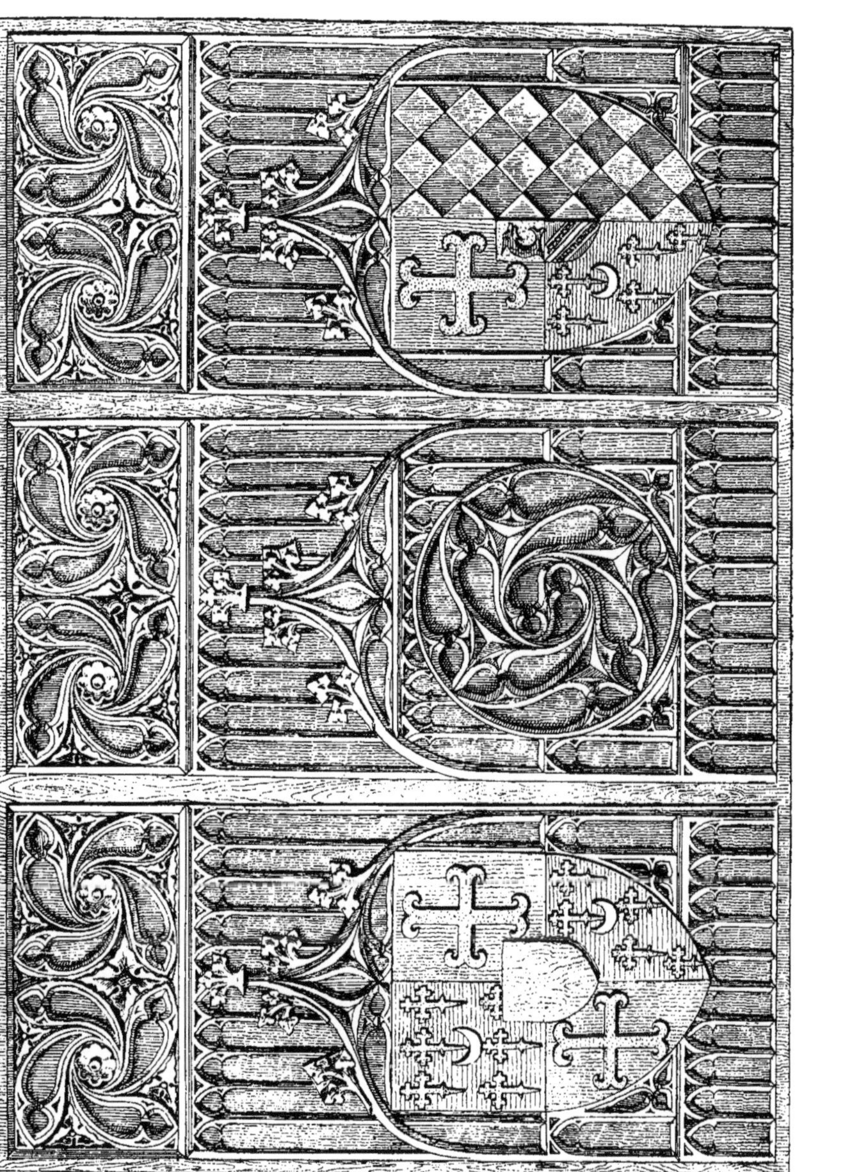

Fig. 31. — Dossier de banc sculpté ; dessiné et reproduit par E. Hucher.
(*Mon. fun. de la famille de Bueil* ; communiqué par M. Palustre).

général, sous la présidence d'honneur de l'éminent évêque du Mans, Mgr d'Outremont. M. Hucher, bien que frappé récemment dans ses plus chères affections, prit une part active à ses travaux. A la demande de tous, il dirigea la visite du « muséum » et du musée archéologique, celle de la cathédrale, et l'excursion si pittoresque dans la vieille cité. Partout, il sut donner à ses auditeurs les explications les plus intéressantes, « mettant à leur service les trésors d'une vaste érudition », leur ouvrant des aperçus nouveaux, et faisant toujours valoir avec un patriotique orgueil les richesses d'art de *sa* ville du Mans. Il communiqua en outre à l'assemblée un savant travail sur les *Inscriptions trouvées dans le département de la Sarthe*, et à la fin de la session, les membres du congrès étaient unanimes pour saluer en lui, une fois de plus, « le doyen et le maître des érudits de la région, le représentant le plus autorisé de la science archéologique dans le Maine » (1).

Au mois de novembre suivant, une mort prématurée enlève M. A. Bellée, archiviste du département, qui jusqu'alors avait exercé la double présidence de la *Société d'agriculture, sciences et arts de la Sarthe* et de la *Société historique et archéologique du Maine*. M. Hucher est aussitôt acclamé président de celle-ci ; et pendant quatre ans il lui consacre les derniers efforts de son talent et de sa belle intelligence. C'est à sa précieuse collaboration que la *Revue historique et archéologique du Maine* devra même, de 1879 à 1883, la meilleure partie des travaux qui contribueront à conquérir à la jeune *Société* une place des plus honorables parmi les sociétés savantes de France. Nous n'avons pas à énumérer ici ces derniers travaux de M. Hucher qui sont encore présents à la mémoire de tous. Nous nous bornerons à rappeler, parmi les principaux, la très intéressante *Iconographie du roi René et de Jeanne de Laval*, la description du

(1) *Congrès archéologique* de 1878. Tours, 1879, in-8.

Trésor de Jublains, l'étude si complète et si nouvelle des *Monuments funéraires et sigillographiques des vicomtes de Beaumont* etc. (1). Tous demeureront dignes du nom et de la science de M. Hucher.

« En vérité, lui écrira à leur sujet un juge d'une compé» tence toute particulière, M. Drouet d'Arcq, vous êtes un » infatigable et charmant travailleur. Vous abordez avec » bonheur une foule de points divers et importants de notre » pauvre Moyen-Age si multiple et si étendu. Il a bien besoin » du culte de dévôts tels que vous, et y gagnera assurément » d'être mieux connu ». — « J'admire votre fécondité,

Fig. 32. — Monnaie de Gallien. Fig. 33. — Monnaie de Claude.
(*Mél. de Num.*, pp. 221, 353).

» ajoutera M. Charles Robert, votre plume est restée jeune, » rapide et sûre ». — « Vous gravez à la plume, lui dira enfin » l'honorable M. de la Sicotière avec ce rare bonheur » d'expression qui le caractérise, tant ce que vous écrivez a » de netteté et de précision dans le contour ».

En 1880, malgré son âge et l'état de sa santé, déjà sérieusement ébranlée, M. Hucher est nommé par l'administration municipale du Mans, président de la commission de l'exposition rétrospective des Beaux-Arts qui doit accompagner l'exposition industrielle et le concours régional.

Il retrouve sur-le-champ, dans ces sentiments profonds de patriotisme local que nous avons maintes fois signalés,

(1) C'est à M. Hucher également que la *Société* doit la composition du sceau qu'elle a adopté et qui figure sur toutes ses publications.

les forces nécessaires pour remplir avec succès la mission qu'on lui a confiée. Cette mission, il est vrai, il la comprend d'une manière élevée et il sait lui assigner un noble but. « Au contact de tant d'œuvres excellentes, dit-il, en faisant » connaître à la masse du public *à quoi peut servir une » exposition rétrospective*, on appréciera de mieux en mieux » les éminentes qualités de ce peuple français, qui, tout en » guerroyant l'Anglais, a trouvé le temps de produire tant » d'œuvres exquises, et tout en adorant Dieu et en vénérant » les saints, a développé une verve, un entrain et des quali- » tés artistiques de premier ordre » (1). En conséquence, il multiplie les appels aux collectionneurs, il prépare la publication d'un curieux *Album de l'art rétrospectif* (2), et finalement la commission qu'il préside parvient, avec le concours d'artistes et d'amateurs dévoués, à réunir une magnifique collection de *seize cents* objets.

« La grande curiosité de la ville du Mans, à l'heure où » nous écrivons, pourra dire le 17 juin 1880 le correspon- » dant d'un journal parisien, c'est son exposition rétrospec- » tive qui offre au visiteur l'ensemble le plus piquant et le » plus varié. Grâce au savoir et au goût des organisateurs, » (au premier rang desquels se trouvent M. Hucher conser- » vateur du musée archéologique, MM. Paul Bouchet et » Héry), cette exposition a pris un caractère d'universalité » qui n'est pas la moindre de ses attractions... Notre plus » vif désir serait de voir le bel exemple que donne la ville » du Mans imité par tous nos grands centres provinciaux » (3). L'éloge n'est pas exagéré, et les organisateurs ont d'autant mieux mérité de leurs concitoyens que cette exposition rétrospective de 1880 devait être la dernière avant les tristes événements qui sont venus ralentir le mouvement artistique

(1) *Exposition de l'art rétrospectif au Mans en 1880*, p. 13.

(2) Cf. *L'Union de la Sarthe* du 23 mai 1880.

(3) *La Presse*, et *L'Union* du 17 juin 1880. — *Exposition des Beaux-Arts ; Catalogue de la section de l'art rétrospectif*. Le Mans, 1880.

local, en divisant irrémédiablement la société de province.

La même année, M. Hucher, justement préoccupé du désir d'assurer à son fils un avenir artistique, conforme à ses goûts et à ses traditions de famille, se rend acquéreur en son nom personnel de la fabrique de vitraux du Carmel. Cet atelier, toujours prospère, vient d'obtenir de réels succès à l'exposition industrielle de Blois, à l'Exposition universelle de 1878, et au concours organisé en 1879 à Orléans pour décorer la cathédrale de verrières représentant la vie de Jeanne d'Arc (1). Aidé des ouvriers intelligents dont il a pu, depuis longtemps apprécier le dévouement, M. Hucher donne à l'établissement une vive impulsion. A l'exécution des vitraux religieux qu'il perfectionne de plus en plus, il ajoute une branche nouvelle : celle des vitraux d'appartement, si appréciés de nos pères à l'époque de la Renaissance. Il crée ainsi, avec les seules ressources de son talent, une série de charmantes compositions, jusqu'alors inconnues dans le Maine, qui ne tardent pas à être récompensées par des médailles aux expositions d'Alençon en 1881 et de Caen en 1883.

La science archéologique est la première, d'ailleurs, à profiter de ces progrès apportés par M. Hucher dans l'art de la peinture sur verre. On peut même dire qu'elle est le but de ses derniers travaux comme elle a été celui de ses essais de jeune homme, car il consacre les efforts suprêmes de son expérience à la restauration des beaux vitraux anciens de Beillé, de Courdemanche, de Solre-le-Château, qu'il étudie avec une grande compétence, au double point de vue archéologique et artistique (2).

(1) Cf. dans *l'Union* du 26 sept. 1879, les appréciations très flatteuses publiées dans *le Monde*, sur les maquettes de MM. Hucher et Rathouis, par E. Didron, le doyen des peintres sur verre de Paris. — Ces maquettes obtinrent le quatrième rang, sur un grand nombre de concurrents.

(2) La fabrique du Carmel a restauré, depuis 1880, un nombre beau-

Obligé vers la fin de l'année 1883 de renoncer aux fatigues d'une vie trop active, M. Hucher est nommé président honoraire de la *Société historique et archéologique du Maine*. Bientôt il se retire à la *Renardière*, et c'est là qu'il succombe, le 22 mars 1889, dans sa 75e année, entouré des soins affectueux de sa famille, après une longue et douloureuse maladie, chrétiennement supportée.

M. Hucher, qu'il nous soit en effet permis de le rappeler en terminant, comme une pensée consolante, n'était pas seulement un savant; c'était aussi un chrétien sincère, convaincu, un artiste chrétien. Il se faisait honneur, en toutes circonstances, de défendre le sentiment religieux si méconnu à notre époque, et de partager les généreuses croyances des grands artistes du Moyen-Age qui ont construit nos belles cathédrales et jeté sur notre terre française un rayon de gloire ineffaçable.

coup plus considérable de vitraux anciens. Nous citons de préférence ceux de Beillé, Courdemanche, et Solre-le-Château, parce qu'ils ont donné lieu à d'excellentes études, publiées par M. Hucher dans le *Bulletin monumental*.

BIBLIOGRAPHIE

DES

TRAVAUX DE M. EUGÈNE HUCHER

Afin de permettre d'apprécier toute l'importance et toute la valeur de l'œuvre scientifique de M. Eugène Hucher, nous croyons devoir donner, comme complément de la notice précédente, la bibliographie, aussi complète que possible, de ses travaux imprimés ou manuscrits (1).

Cette bibliographie est considérable. Elle comprend deux cent soixante-seize articles (2).

Nous la diviserons en six paragraphes, correspondant aux diverses branches d'études de M. Hucher :

1° Numismatique.

2° Peinture sur verre et vitraux.

3° Archéologie et Beaux-Arts.

(1) Nous avons dû laisser de côté, toutefois, les dessins et les reproductions de sceaux, médailles etc., dont il était impossible de reconstituer la liste.

(2) Parmi les documents qui nous ont aidé plus particulièrement à dresser cette longue nomenclature, nous devons citer le *Catalogue des livres édités par M. Hucher*. Le Mans, Monnoyer, 1888, in-8. (Liste de 96 articles) ; et l'excellente bibliographie des œuvres numismatiques de M. E. Hucher, publiée par MM. A. Engel et R. Serrure dans le *Répertoire des sources imprimées de la numismatique française*, Paris, E. Leroux, 1887, tome I, p. 381 à 387 (Liste de 55 articles). Enfin nous avons trouvé plusieurs indications utiles dans la *Notice nécrologique* donnée par M. F. Legeay dans l'*Almanach manceau pour l'année 1890*. Le Mans, Monnoyer, 1890, p. 121.

4° Sigillographie.
5° Histoire et littérature du Moyen-Age.
6° Articles divers.

I. — NUMISMATIQUE

1. — Essai sur les Monnaies frappées dans le Maine. Le Mans, Gallienne, 1845, in-4° de 55 pages, avec 4 pl. — *Mémoires de l'Institut des Provinces*, I, pp. 679 et suiv.

2. — Monnaies françaises : Supplément à l'Essai sur les monnaies frappées dans le Maine. Blois, Dezairs, 1846, in-8 de 16 p. avec pl. — Extrait de la *Revue numismatique* et tiré à 25 exemplaires.

3. — De la Monnaie noire de Bretagne, à l'occasion de la découverte du trésor de Saint-Ouen (Sarthe). Blois, Dezairs, 1847, in-8 de 10 p. avec pl. — Extrait de la *Revue numismatique* et tiré à 25 exemplaires.

4. — Second supplément à l'Essai sur les monnaies du Maine. Blois, Dezairs, 1848, in-8 de 49 p. avec pl. — Extrait de la *Revue numismatique* et tiré à 25 exemplaires.

5. — Notice sur une découverte de 450 deniers romains, faite à Avezé, près La Ferté-Bernard (Sarthe). Paris, Derache ; Caen, Hardel, 1848, in-8 de 8 p. — Extrait du *Bulletin monumental*, 1848, p. 437.

6. — Catalogue raisonné des monnaies romaines trouvées dans le jardin du collège du Mans, au cours de l'année 1848. Le Mans, Bondu, 1849, in-8 de 87 p. avec fig. — Extrait des *Archives historiques de la Sarthe.*

7. — Synchronisme de quelques monnaies anonymes du XI° siècle, frappées à Paris, à Tours, à Blois et à Vendôme. — *Revue numismatique*, 1850, p. 57-61.

8. — Du Saega du Mans, au type de saint Gervais et de saint Protais. — *Revue numismatique*, 1850, p. 79-84, avec vign.

9. — Études sur le symbolisme des plus anciennes médailles gauloises, comprenant la monographie des monnaies des Aulerces-Cénomans antérieures au système épigraphique. Blois, Dezairs, 1850, in-8 de 55 p. avec planches. — Extrait de la *Revue numismatique* 1850, p. 85-108, et p. 164-197, et tiré à 25 exemplaires.

10. — Études sur les types monétaires de l'hermine et du lys, à l'occasion d'un grand blanc inédit de Charles de Blois. Blois, Dezairs, 1850, in-8 de 11 p. avec pl. — Extrait de la *Revue numismatique* et tiré à 25 exemplaires.

11. — Triens de Choe et Choac. — *Revue numismatique*, 1850, p. 159-160.

12. — Méréaux capitulaires. — *Revue numismatique*, 1850, p. 241 à 242.

13. — Du quadrilatère gaulois et des enseignes restituées par le roi des Parthes. — *Revue numismatique*, 1850, p. 297.

14. — Études sur le symbolisme des plus anciennes médailles gauloises, comprenant la monographie des monnaies des Aulerces-Diablintes antérieures au système épigraphique (Deuxième article). Blois, Dezairs, 1852, in-8 de 83 p. avec pl. — Extrait de la *Revue numismatique* et tiré à 25 exemplaires.

15. — Lettre à M. de la Saussaye sur la numismatique gauloise, Paris, 1853, in-8 de 15 p. — Extrait de la *Revue numismatique* et tiré à 25 exemplaires.

16. — Note sur 350 deniers du XIIe siècle, découverts au mois de juillet 1852 dans l'église de Cré-sur-Loir, accompagnée de deux planches d'empreintes. — Archives du *Comité de la langue, de l'histoire et des arts de la France;* V. *Bulletin*, tome II, 1854, p. 20.

17. — Note sur la découverte d'environ 4,000 pièces de monnaies, de la fin du XIIe siècle, trouvées en mars 1854 à Saint-Ouen-en-Belin (Sarthe). — Archives du *Comité de la*

langue, de l'histoire et des arts de la France. Cf. *Bulletin*, tome II, 1854, p. 414.

18. — Deuxième lettre à M. de la Saussaye sur la numismatique gauloise ; médaille de Divitiacus. Paris, 1854, in-8 de 5 p. avec fig. — Extrait de la *Revue numismatique* et tiré à 25 exemplaires.

19. — Études sur le symbolisme des plus anciennes médailles gauloises. Blois, Lecesne, 1855, in-8 de 29 p. avec pl. — Extrait de la *Revue numismatique* et tiré à 25 exemplaires.

20. — Troisième lettre à M. de la Saussaye, sur la numismatique gauloise ; médaille d'Athenopolis, colonie massaliote. Paris, 1855, in-8 de 4 p. — Extrait de la *Revue numismatique* et tiré à 25 exemplaires.

21. — Quatrième lettre à M. de la Saussaye sur la numismatique gauloise : médaille de Vendeuil, 1855, in-8 de 21 p. avec 5 grav. — Extrait de la *Revue numismatique* et tiré à 25 exemplaires.

22. — Lettre à M. le marquis de Lagoy sur la numismatique gauloise. Le Mans, Monnoyer, 1857, in-8 de 24 p. avec pl. — Extrait du *Bulletin de la Société d'agriculture, sciences et arts de la Sarthe.*

23. — Note sur un denier inédit d'Eudes. Paris, 1857, in-8 de 3 p. avec fig. — Extrait de la *Revue numismatique*, nouvelle série, tome II, p. 315.

24. — Méreaux de plomb. Paris, Thunot, 1858, in-8 de 15 p. avec pl. — Extrait de la *Revue numismatique*, nouvelle série, tome III.

25. — Histoire du Jeton au Moyen-Age (en collaboration avec M. Jules Rouyer). Le Mans, Monnoyer, 1858, in-8 de 177 p., avec 17 pl. grav. (Mention très honorable au concours des antiquités de France).

26. — Lettre à M. de Saulcy sur la numismatique gauloise. Paris, Thunot, 1859, in-8 de 19 p. avec pl. — Extrait de la *Revue numismatique*, nouvelle série, t. IV.

27. — Lettre à M. le baron Chaudruc de Crazannes, sur la numismatique gauloise. Bruxelles, 1859, in-8 de 11 p. avec pl. — Extrait de la *Revue numismatique belge*, t. III, 3e série.

28. — Lettre à M. Adrien de Longpérier sur la médaille gauloise portant la légende *Verotal* et sur le costume des Gaulois. Paris, Thunot, 1860, in-8 de 16 p. avec pl. — Extrait de la *Revue numismatique*, nouvelle série, t. V.

29. — Sur un usage barbare des Gaulois (Médaille trouvée à Montfort, Sarthe). — *Magasin pittoresque*, février 1862.

30. — Des anneaux et des rouelles, antique monnaie des Gaulois ; notice par M. le comte Hippolyte de Widranges. — (Compte-rendu critique.) Paris, Thunot, 1862, in-8 de 11 p. — Extrait de la *Revue numismatique*, nouvelle série, t. VII.

31. — Des Gaulois et de leurs médailles. Le Mans, Monnoyer, 1863, in-8 de 12 p. — Publié dans le *Progrès* du 13 janvier 1863.

32. — Monuments des anciens idiomes gaulois, par H. Monin (Compte-rendu critique). Paris, Thunot, 1863, in-8 de 17 p. — Extrait de la *Revue numismatique*, nouvelle série, t. VIII.

33. — Deuxième lettre à M. de Saulcy sur la numismatique gauloise. Paris, Thunot, 1863, in-8 de 19 p. avec pl. — Extrait de la *Revue numismatique*, nouvelle série, t. VIII.

34. — Note sur une trouvaille de monnaies gauloises. *Congrès archéologique de France*, de 1863. — Caen, 1864, p. 603 et suiv.

35. — De l'Art gaulois comparé à l'Art mérovingien. — Communication aux séances générales de la *Société d'agriculture, sciences et arts de la Sarthe ;* Cf. *Bulletin* XVII, 1863-64, p. 563.

36. — Sur un tiers de sou mérovingien. — *Bulletin de la Société impériale des antiquaires de France.* Paris, Dumoulin, in-8, 1864, p. 70 à 74 avec. vign.

37. — Société française de numismatique. — *Le Messager de la Sarthe*, du 16 décembre 1865.

38. – De l'Art gaulois. Paris, imp. nat^{le}, 1865, in-8 de 6 p. — Lecture faite au Congrès des sociétés savantes, dans la séance du 1er avril 1864.

39. — Attribution de quelques monnaies gauloises anépigraphes. Paris, Thunot, 1865, in-8 de 8 p. avec fig. — Extrait de la *Revue numismatique*, nouvelle série, t. X.

40. — Révision des légendes des monnaies de la Gaule, données par Adolphe Duchalais dans son ouvrage intitulé : Description des médailles de la Gaule. Paris, 1866, gr. in-8 de 29 p. — Extrait de l'*Annuaire de la Société française de numismatique et d'archéologie*, 1re année.

41. — Troisième lettre à M. de Saulcy sur la numismatique gauloise. Paris, Thunot, 1867, in-8 de 7 p. — Extrait de la *Revue numismatique*, nouvelle série, t. XII.

42. — Compte-rendu critique du nouvel Essai d'interprétation et de classification des monnaies de la Gaule, par M. A. Fillioux. — *Revue numismatique*, 1867, p. 290 à 303.

43. — Denier de Blois du Xe siècle, découvert au Mans. — *Revue numismatique*, 1868, p. 135 avec vign.

44. — L'Art Gaulois, ou les Gaulois d'après leurs médailles. Le Mans, Monnoyer, 1868-1873, 2 vol. in-4, comprenant 101 pl. lithographiées et plus de 220 bois gravés, avec 28 feuilles de texte. — (Prix de numismatique à l'Institut de France, 1874.)

45. — Les grands médaillons d'or d'Alexandre-le-Grand, découverts à Tarse et récemment achetés par l'Empereur. — *L'Union de la Sarthe* du 19 mai 1869.

46. — Notes sur les médailles gauloises offrant le triskèle, l'astre à quatre rayons et les légendes *Ateula* et *Caledu* lues dans la séance du 6 septembre 1869 de la XXXVIe session, tenue à Chartres, du *Congrès scientifique de France*. Chartres, Garnier, 1870, in-8 de 16 p. ; tiré à 50 exemp.

47. De l'étude des médailles au Mans. — *Les Affiches du*

Mans du 4 février 1870 ; *L'Union de la Sarthe* du 4 février 1870.

48. — Revue mansaise d'archéologie et d'art. (2e article : De la valeur intrinsèque et de la valeur relative des monnaies). — *Les Affiches du Mans* du 22 mars 1870.

49. — Revue mansaise d'archéologie et d'art. (3e article : Emprcintes de médailles). — *Les Affiches du Mans* du 1er avril 1870.

50. — Gros parisis de Philippe de Valois. — *Bulletin de la Société d'agriculture, sciences et arts de la Sarthe*, t. XX, 1870, p. 681, avec pl.

51. — L'Art gaulois, deuxième partie (Prospectus). Le Mans, Monnoyer, 1871, in-4 de 4 p. avec vign. — (Voir le n° 44).

52. — Découverte de médailles françaises de l'époque de Charles VI. — *Bulletin de la Société d'agriculture, sciences et arts de la Sarthe*, tome XXI, 1871-72, p. 381 à 384.

53. — Des monnaies de Charles de Blois, duc de Bretagne; réponse à dom François Plaine. — *Revue des questions historiques*, 7e année, 1872, 24e livr.

54. — Les légendes des monnaies gauloises ; note complémentaire. — *Revue celtique*, Paris, t. II, 1873-75, p. 94 à 104.

55. — Durnacos. — *Revue celtique*, 1873-75, t. II, p. 104 à 107.

56. — Annales de numismatique (Prospectus). Le Mans, Monnoyer, 1874, in-8 de 3 p. avec vign.

57. — Revue de la numismatique gauloise. — *Mélanges de numismatique*. Le Mans, Monnoyer, I, 1874-75, p. 1 à 9 avec 5 vign.

58. — Sur Durnacos. — *Mélanges de numismatique*, I, 1874-75, p. 10 à 11.

59. — Examen détaillé du trésor d'Auriol (Bouches-du-Rhône). — *Mélanges de numismatique*, I, 1874-75, p. 12 à 44, avec 72 vign.

60. — Notice sur une pièce de fiançailles du musée de Rouen : Lettre à M. Jules Rouyer. — *Mélanges de numismatique*, I, 1874-75, p. 65 à 79, avec 2 vign. Cette pièce avait été signalée par M. Hucher dès 1873 : Cf. *Bulletin de la Société des Antiquaires de France*, 1873.

61. — La trouvaille de Vernon. — *Mélanges de numismatique*, I, 1874-75, p. 79-80.

62. — Revue de la numismatique gauloise (2e article). — *Mélanges de numismatique*, I, 1874-75, p. 81-100, avec 14 vign.

63. — Note sur les monnaies gauloises *Kraccvs*, *Atevla* et *Caledv*. — *Mélanges de numismatique*, I, 1874-75, p. 169-181, avec 6 vign.

64. — Compte-rendu des « Monnaies antiques de l'Espagne », par Aloïss Heiss. — *Mélanges de numismatique*, I, 1874-75, p. 283 à 293, avec 3 vign.

65. — Chronique numismatique. (Tetradrachme macédonien ; Denier inédit de Guillaume de Charenton ; Statère gaulois etc.). — *Mélanges de numismatique*, I, 1874-75, p. 301.

66. — Revue de la numismatique gauloise (3e article). — *Mélanges de numismatique*, I, 1874-75, p. 321 à 328, avec 8 vign.

67. — Compte-rendu critique de « l'Étude sur les monnaies gauloises trouvées en Poitou et en Saintonge », par A. de Barthélemy. — *Mélanges de numismatique*, I, 1874-75, p. 378 à 393, avec 3 vign.

68. — Denier inédit de Guillaume de Courtenai, seigneur de Charenton. — *Mélanges de numismatique* I, 1874-75, p. 397, avec vign.

69. — Trésor de la Blanchardière (commune de Beaufay, Sarthe). — *L'Union de la Sarthe*, du 9 janvier 1875. — *La Semaine du Fidèle*, X, p. 226 etc.

70. — Trésor de la Blanchardière (commune de Beaufay, Sarthe). Le Mans, Monnoyer, in-8, IV-91 p. avec vign. —

Mélanges de numismatique, I, 1874-75, pp. 194 à 222, 342 à 358, et 426 à 441. — *Bulletin de la Société d'agriculture, sciences et arts de la Sarthe*, 1875, p. 70, 160, 416 ; 1876, p. 76.

71. — Note sur la formation d'un médailler à l'usage des érudits, avec les doubles des médailles découvertes à la Blanchardière (commune de Beaufay). — *La Sarthe* du 11 avril 1875 ; *Journal du Mans*, du 13 avril 1875, etc.

72. — Notice sur un jeton de compte vénitien, avec légende française, accompagnée d'un dessin. — Archives du *Comité des travaux historiques ;* Cf. *Revue des Sociétés savantes*, 6e série, t. VIII, 1878, p. 21.

73. — Jetons acquis par le musée archéologique du Mans. *Revue historique et archéologique du Maine*, t. V.

74. — Le trésor de Jublains (Mayenne). Le Mans et Mamers, 1880, in-8 de 69 p. avec 59 vign. — Extrait de la *Revue historique et archéologique du Maine*, t. VII.

75. — Poids des marcs de Vendôme, Perche, etc. S. D. in-8. — (Article attribué à M. Hucher, dans le 130e *Catalogue* de la librairie Menu, sans autre indication).

76. — Jeton au lion de Saint-Marc du maître de la monnaie de Bruges, Marc Le Buigneteur. Paris, 1881, gr. in-8 de 4 p. avec fig. — Extrait de l'*Annuaire de la Société française de numismatique et d'archéologie*, t. VI.

77. — Jeton de Jehan III de Daillon, comte du Lude, baron d'Illiers. Mamers, Fleury et Dangin, 1882, in-8 de 6 p. — Extrait de la *Revue historique et archéologique du Maine*, t. II, p. 209-214.

78. — Trésor de Rennes, trouvé dans le jardin de la préfecture en septembre 1881. — *Revue historique et archéologique du Maine*, t. XIV, 1883, p. 133.

79. — Le trésor de Plourhan (Côtes-du-Nord). (Article publié après la mort de M. Hucher.) — *Annuaire de la Société de numismatique et d'archéologie*, 1890.

II. — PEINTURE SUR VERRE ET VITRAUX

80. — Notice sur les nouvelles verrières colorées de l'église de la Couture du Mans, précédée de considérations sur l'archéologie, envisagée comme science d'application aux intérêts matériels. Le Mans, Bondu, 1842, gr. in-8 de 15 p.

81. — Études artistiques et archéologiques sur le vitrail de la rose, de la cathédrale du Mans. Caen, Hardel, 1848, in-8 de 28 p. avec pl. et fig. — Extrait du *Bulletin monumental*, 1848, p. 345.

82. — Explication des vitraux dits des Monnoyeurs, dans la chapelle du chevet de la cathédrale du Mans ; communication de M. Hucher, correspondant au Mans, *Bulletin des Comités historiques*, Paris, imp. nationale, 1851, in-8, p. 215 à 219, avec grav. — Cette communication a fait l'objet d'un très intéressant *Rapport* de M. Barre, membre du Comité, graveur général des monnaies de France, publié dans le même *Bulletin*, p. 199 à 215. — Cf. *Restitution de l'inscription Scambiator des vitraux du Mans*, 1854, 5 p. avec pl.

83. — Calques des vitraux peints de la cathédrale du Mans (Prospectus). Le Mans, Monnoyer, 1853, in-8 de 4 p.

84. — Procédés de peinture sur verre. — *Annales archéologiques*. Paris, Didron, 1854, t. XIV, p. 201.

85. — De l'étude des plus anciens vitraux peints. Le Mans, Monnoyer, 1855, in-8 de 7 p. — Extrait des *Affiches du Mans* du 24 novembre 1854.

86. — Explication des vitraux dits des Monnayeurs, placés dans la chapelle du chevet de la cathédrale du Mans. Le Mans, Monnoyer, 1855, in-8 de 8 p. avec fig. (2e édition). — Réimpression de la communication faite en 1851 au *Comité des travaux historiques*, et du *Rapport* de M. Barre. — Cf. *Études sur l'histoire et les monuments du département de la Sarthe.*

87. — Études artistiques et archéologiques sur le vitrail de la rose, de la cathédrale du Mans. Le Mans, Monnoyer, 1855, in-8 avec grav. (2e édition). — Cf. *Études sur l'histoire et les monuments du département de la Sarthe.*

88. — Calques des vitraux peints de la cathédrale du Mans (2e livraison, prospectus). Le Mans, Monnoyer, 1855, in-8 de 2 p. avec vign.

89. — Note sur un vitrail du XIIIe siècle, donné à la cathédrale du Mans par le chanoine Philippe Le Romain. — Archives du *Comité des travaux historiques*; Cf. *Revue des Sociétés savantes*, 2e série, t. II, 1859, p. 409 : *Rapport* du baron de Guilhermy, et t. III, 1860, p. 148 : *Lettre* de M. Hucher qui combat les conclusions de ce rapport et persiste dans la lecture : *Senebaldus.*

90. — Note sur un vitrail de M. Jaffart, récemment placé dans l'oratoire du Carmel. — *Le Progrès* du 27 juin 1864.

91. — Calques des vitraux peints de la cathédrale du Mans, ouvrage renfermant : 1o Les calques ou les réductions des verrières les plus remarquables sous le rapport de l'art et de l'histoire ; 2o L'inventaire descriptif de tous les vitraux de cette cathédrale ; publié sous les auspices de Mgr Fillion, évêque du Mans. Le Mans, Monnoyer, 1864. un vol. grand colombier, avec 100 pl. enluminées. — (La première livraison de cet ouvrage, la seule parue alors, a mérité à M. Hucher une médaille de 2e classe à l'Exposition universelle de 1855).

92. — Calques des vitraux peints de la cathédrale du Mans, etc. (petite édition de l'ouvrage précédent). Le Mans, Monnoyer, 1865, un vol. gr. in-fol. avec 20 planches.

93. — Le vitrail royal de l'église Notre-Dame de Saint-Lô (Manche), restauré à la manufacture de vitraux peints du Carmel du Mans etc. Le Mans, Monnoyer, 1873, in-8 de 10 p. avec planches.

94. — Vitrail offert à Notre-Dame-du-Chêne, par Mgr d'Outremont. — *Semaine du Fidèle*, Le Mans, Leguicheux, 1876, p. 427.

95. — Le vitrail absidal de Notre-Dame-de-la-Cour (commune de Lantic, Côtes-du-Nord). Tours, Bouserez, 1879, in-8 de 11 p. avec grav. — Extrait du *Bulletin monumental*. — Communication faite au *Comité des travaux historiques*; Cf. *Revue des Sociétés Savantes*, 6e série, t. VIII, 1878, p. 189; 7e série, t. I, 1879, p. 12, 296 à 308 : *Rapport* de M. Ramé.

96. — Peinture sur verre : Décoration des châteaux, villas, châlets, manoirs etc. Le Mans, Monnoyer, 1880, in-4 de 8 p. avec vign.

97. — Notice sur deux vitraux du XVIe siècle, de l'église de Saint-Aignen (Orne). — Archives du *Comité des travaux historiques*; Cf. *Revue des Sociétés savantes*, 7e série, t. II, 1880, p. 15 et 189 : *Rapport* de M. Ramé.

98. — De la vitrerie d'art. — La *Chronique de l'Ouest*, du 13 janvier 1881.

99. — Restauration du vitrail de Beillé (Sarthe). Tours, Bouserez, 1881, in-8 de 6 p. avec grav. — Extrait du *Bulletin monumental*, 1881, p. 612.

100. — Restauration du vitrail de Courdemanche (Sarthe). Tours, Bouserez, 1883, in-8 de 6 p. avec fig. — Extrait du *Bulletin monumental*, 1883, p. 186.

101. — Restauration des vitraux de Solre-le-Château (Nord). Tours, Bouserez, 1883, in-8 de 8 p. avec pl. — *Bulletin monumental*, 1883, p. 643.

102. — Vitraux peints : Fabrique de vitraux du Carmel (Notice et prospectus). Le Mans, Monnoyer, 1885, une feuille in-8 avec grav.

III. — ARCHÉOLOGIE ET BEAUX-ARTS

103. — Note sur les statues du portail bizantin de la cathédrale du Mans. — *Bulletin monumental*, 1842, p. 38.

104. — Mosaïque romaine de Mont-Saint-Jean (Sarthe).

Le Mans, 1845, in-8 de 13 p. avec pl. — *Bulletin monumental*, 1845, p. 47 avec pl. Cf. *L'Union* du 26 octobre et les *Affiches du Mans* du 29 octobre 1844.

105. — Notice sur une ancienne étoffe de soie conservée au Mans. — *Bulletin monumental*, 1846, p. 24 avec vign.

106. — Lettre de M. Hucher, du Mans, à l'occasion du Mémoire de M. Le Normant sur les anciens tissus. — *Bulletin monumental*, 1848, p. 582.

107. — Notice sur une pierre tombale de Saint-Ouen-en-Belin (Adrien d'Averton † 1329, et Isabelle de Breinville sa femme † 1344). Le Mans, 1848, in-8 de 13 p. avec grav. — Extrait du *Bulletin monumental*, 1848, p. 694.

108. — Description de quelques monuments du département de la Sarthe : 1° Maison d'Adam et Eve, au Mans ; 2° Pierre tombale du XIVe siècle, à Saint-Ouen-en-Belin. Le Mans, Gallienne, 1848, in-8 de 15 p. — Extrait des *Archives historiques de la Sarthe*, et du *Bulletin monumental*, 1848, p. 694.

109. — Questions proposées pour le Congrès scientifique de 1849. — *Bulletin monumental*, 1848, p. 716.

110. — Notice sur quelques monuments historiques du département de la Sarthe : Sillé et sa banlieue. Caen, Hardel, 1850, in-8 de 60 p. avec fig. — Extrait du *Bulletin monumental*, 1850, p. 321.

111. — Le Moyen-Age et la Renaissance, par Paul Lacroix et Ferdinand Seré. Paris, Plon, 1848-1851, cinq volumes in-4. — Plusieurs planches de cet ouvrage, au t. V notamment, ont été dessinées par M. E. Hucher (Vitraux et sculptures de la cathédrale du Mans ; Émail de Geoffroy Plantagenet etc.).

112. — Notes sur un bas-relief existant dans le village de Saulges, et sur le résultat de quelques fouilles pratiquées sur l'emplacement de Vagoritum, l'ancienne cité des Arvii. — *Bulletin du Comité de la langue, de l'histoire et des arts de la France*, I, p. 144, Paris, imp. impériale, 1853, in-8.

V. *Ibidem*, p. 441 : *Rectifications proposées par M. l'abbé Renon* à la communication de M. Hucher.

113. — Des enseignes de Pélerinage. Caen, Hardel, 1853, in-8 de 29 p. avec vign. — Extrait du *Bulletin monumental*, 1853, p. 505.

114. — Relevé de soixante pierres tombales qui existent dans l'église de Mouzon (Ardennes). — Archives du *Comité de la langue, de l'histoire et des arts de la France*. Cf. *Bulletin*, t. II, 1854, p. 135.

115. — Note sur l'Église de Mouzon (Ardennes). — *Bulletin du Comité de la langue, de l'histoire et des arts de la France,* t. II, Paris, imp. impériale 1854, p. 245 à 248, avec vign.

116. — Note sur les véritables armes et sur le sceau de Jean d'Hierray, évêque du Mans de 1439 à 1451. — Archives du *Comité de la langue, de l'histoire et des arts de la France*, et *Bulletin*, t. II, 1854-55, p. 599, 645 et 652 : *Rapport de M. de la Grange, membre du Comité,* sur cette communication.

117. — Lettre à M. de Caumont, au sujet d'une fibule mérovingienne à inscription chrétienne. Caen, Hardel, 1854, in-8 de 7 p. avec fig. — Extrait du *Bulletin monumental*, 1854, p. 369.

118. — Première lecture du nom de Salomon, inscrit sur le phylactère de l'une des statues cariatides du portail roman de la cathédrale du Mans. Le Mans, Monnoyer, 1855, in-8 de 8 p. (2e édition). Cf. *Études sur l'histoire et les monuments du département de la Sarthe.*

119. — Notice sur une ancienne étoffe de soie, déposée dans le trésor de la cathédrale du Mans et de l'église de la Couture. Le Mans, Monnoyer, 1855, in-8 de 12 p. avec fig. (2e édition). Cf. *Études sur l'histoire et les monuments du département de la Sarthe.*

120. — Notice sur Sillé-le-Guillaume et ses environs. Le Mans, Monnoyer, 1855, in-8 de 65 p. avec fig. (2e édition).

— Cf. *Études sur l'histoire et les monuments du département de la Sarthe.*

121. — Notice sur la pierre tombale de Saint-Ouen-en-Belin. Le Mans, Monnoyer, 1855, in-8 de 14 p. avec pl. (2e édition). — Cf. *Archives historiques de la Sarthe* et *Études sur l'histoire et les monuments du département de la Sarthe.*

122. — Notice sur la mosaïque de Roullé, à Mont-Saint-Jean (Sarthe). Le Mans, Monnoyer, 1855, in-8 de 5 p. avec pl. (2e édition). — Cf. *Études sur l'histoire et les monuments du département de la Sarthe.*

123. — L'Immaculée Conception figurée sur les monuments du Moyen-Age et de la Renaissance. Caen Hardel, 1855, in-8 de 6 p. avec fig. — Extrait du *Bulletin monumental*, 1855, p. 145.

124. — Nouveau plan des anciennes enceintes du Mans, d'après des documents inédits, communiqués par M. Landel ; offert à la Société d'agriculture, sciences et arts de la Sarthe en 1853, et publié avec notice dans les *Études sur l'histoire et les monuments du département de la Sarthe.* Le Mans, Monnoyer, 1856, p. 15 à 40. — Cf. en outre : Lottin et Lassus, *Ancienne province du Maine*, in-fol.

125. — Études sur l'histoire et les monuments du département de la Sarthe. Le Mans, Monnoyer, 1856, un vol. in-8 de 276 p. avec 11 pl. et grav.

126. — Copies des deux seules inscriptions romaines, (aujourd'hui détruites) trouvées dans la Sarthe, et Relevé de vingt-six inscriptions inédites gravées sur des vases gallo-romains appartenant au musée du Mans ou à des collections particulières. — Archives du *Comité de la langue, de l'histoire et des arts de la France ;* Cf. *Bulletin*, t. III, 1856, p. 344 et 612.

127. — Note sur le bas-relief de l'église de Saulges, (Mayenne). Caen, Hardel, 1856, in-8 de 12 p. avec fig. — Extrait du *Bulletin monumental*, 1856, p. 264. — Cf. *Bulletin*

du Comité de la langue, de l'histoire et des arts de la France, t. III, 1855-1856, p. 125; *Nouvelles observations sur le bas-relief de Saulges.*

128. — Note sur les enseignes féodales et de juridiction. — Archives du *Comité de la langue, de l'histoire et des arts de la France;* Cf. *Bulletin*, t. IV, 1857, p. 20, 159 et 44: *Rapport* de M. de la Grange.

129 — Estampage et discussion de l'inscription d'un vase trouvé au Mans. — Archives du *Comité de la langue, de l'histoire et des arts de la France*; Cf. *Bulletin*, t. IV, 1857, p. 153 : *Rapport* de M. Renier.

130. — Note sur la date de 1145 inscrite sur un des piliers de la cathédrale du Mans, et Calque d'une inscription latine du XVe siècle, gravée au-dessus d'une niche où était placé un bréviaire commun. — Archives du *Comité de la langue, de l'histoire et des arts de la France.* Cf. *Bulletin*, t. IV, 1857, p. 161. *Rapport* du baron de Guilhermy.

131. — Le grand couteau de Charles-le-Téméraire, au musée du Mans. Le Mans, Monnoyer, 1859, in-8 de 4 p. avec pl. enluminée. — Extrait du *Bulletin de la Société d'agriculture, sciences et arts de la Sarthe*, 1859, p. 27.

132. — Le tombeau de Childéric Ier, roi des Francs, restitué à l'aide de l'archéologie, par M. l'abbé Cochet, ouvrage dédié à M. le duc Albert de Luynes ; Compte-rendu critique par M. E. Hucher. — *L'Union de la Sarthe* du 27 août 1859.

133. — Fac-simile d'une inscription du XIIIe siècle, dans l'église de Saint-Christophe-du-Jambet (Sarthe). — Archives du *Comité des travaux historiques;* Cf. *Revue des Sociétés savantes*, 2e série, t. II, 1859, p. 32.

134. — Études sur les poteries gallo-romaines découvertes au Mans à diverses époques. Caen, Hardel, 1859, in-8 de 13 p. avec fig. — Extrait du *Bulletin monumental*, 1859, p. 347.

135. — Études sur les poteries gallo-romaines découvertes au Mans à diverses époques. Caen, Hardel, 1860, in-8 de

16 p. avec fig. — Extrait du *Bulletin monumental*, 1860, p. 274 (2e article).

136. — L'Émail de Geoffroy Plantagenet, au Musée du Mans. Caen, Hardel, 1860, in-8 de 28 p. avec fig. — Extrait du *Bulletin monumental*, 1860, p. 669.

137. — Relevé de quatorze inscriptions existant dans le département de la Sarthe. (Date de la cloche de Saint-Aubin-de-Locquenay, 1420 ; Fondation d'un curé d'Allonnes, 1482 ; Consécration de l'église de Bessé, 1529 ; Construction des lambris des églises de Bessé, Saint-Vincent-du-Lorouer et Saint-Aubin-de-Locquenay, 1617, 1634 et 1645 ; Baldaquin des églises de Ségrie et de Chérancé, par les sculpteurs Lorcet et Leysner, 1737 et 1762 ; Épitaphes d'ecclésiastiques, de dames et de magistrats des XVIIe et XVIIIe siècles). — Archives du *Comité des travaux historiques ;* Cf. *Revue des Sociétés savantes,* 2e série, t. III, 1860, p. 62 : *Rapport* du baron de Guilhermy.

138. — Notice destinée à entrer dans la description du département de la Sarthe. — Archives du *Comité des travaux historiques* ; Cf. *Revue des Sociétés savantes*, 2e série, t. IV, 1860, p. 281.

139. — Répertoire archéologique de la Sarthe, manuscrit soumis en 1861 au *Comité des travaux historiques.* (L'impression proposée dans la séance du 10 janvier 1865, sera présentée comme très prochaine en 1867.) — Archives du *Comité* ; Cf. *Revue des sociétés savantes*, 2e série, t. VI, 1861, p. 481 ; 4e série, t. I, 1865, p. 133 ; t. V, 1867, p. 376. — Cf. aussi *Bulletin de la Société d'agriculture, sciences et arts de la Sarthe*, 1864 (séance du 8 avril) et 1865, p. 42.

140. — Copies de trente-cinq inscriptions relevées dans l'ancienne province du Maine. (Dalle de Geoffroy de Loudun, dans l'église de Saint-Denis-d'Orques ; Dalle de Pierre de Courthardy, conseiller et premier président du Parlement, mort en 1505, dans l'église de Chemiré-le-Gaudin ; Monument de Marie de Bueil, dans l'église de Château-l'Hermitage ;

Sceau de de l'amiral de Bueil ; Inscriptions diverses de 1409 à 1728). — Archives du *Comité des travaux historiques ;* Cf. *Revue des Sociétés savantes*, 2e série, t. V, 1861, p. 48 ; *Rapport* du baron de Guilhermy.

141. — Procès-verbal de la séance tenue au Mans, le 10 février 1862, par la Société française d'archéologie. — *Congrès archéologique de France*, 1862, p. 558.

142. — Peintures murales dans le transept de l'église du Pré, au Mans. — *L'Union de la Sarthe* du 1er mai 1862. — *Le Progrès* du 3 mai 1862.

143. — Du dallage émaillé récemment placé dans la chapelle de la sainte Vierge, à la cathédrale du Mans. — *Le Progrès* du 15 mai 1862.

144. — Musée archéologique (note sur les objets provenant de la collection Campana.) — *Le Progrès* du 22 novembre 1862.

145. — Notice sur les armoiries des comtes du Maine. — Archives du *Comité des travaux historiques ;* Cf. *Revue des Sociétés savantes*, 2e série, t. VII, 1862, p. 248 ; 3e série, t. I, 1863, p. 205 et t. II, p. 249 ; *Rapport* de M. de Barthélemy.

146. — Lettre à M. le rédacteur du *Progrès* sur le livre de M. Raymond Bordeaux : Traité de la réparation des églises et principes d'archéologie pratique. — *Le Progrès*, du 27 janvier 1863.

147. — Procès-verbal de la séance tenue au Mans, le 28 janvier 1863, par la Société française d'archéologie. — *Congrès archéologique*, 1863, p. 594. *Le Progrès* du 5 février 1863.

148. — Le Musée du Mans, article publié dans *Le Progrès* du 18 juin 1863, en réponse à une note de M. H. Lavoix insérée dans le numéro du 13 (Exposition artistique et archéologique de Rennes).

149. — Note sur un émail de Martial Raymond, représentant sainte Marie-Magdeleine, récemment entré au musée archéologique du Mans. — *Le Progrès* du 4 juillet 1863.

150. — De l'Art au XIXe siècle et de ses applications à l'industrie. Paris, Aubry ; Le Mans, Monnoyer, 1863, in-8 de 16 p. — Publié dans *Le Progrès* du 25 et du 28 juillet 1863.

151. — Agrafes mérovingiennes découvertes à Connerré et offertes au musée archéologique du Mans. — *Le Progrès* du 12 septembre 1863.

152. — Lettre à M. de Caumont sur quelques monuments de la ville du Mans. — *Le Progrès* du 29 octobre 1863 et *Bulletin monumental*, 1863, p. 826.

153. — Restauration du tombeau de Marie de Bueil, dame de Crenon, sœur du vaillant chevalier Jean de Bueil, surnommé « le fléau des Anglais ». — *Le Progrès* du 25 janvier 1864.

154. — Causerie artistique et scientifique. (Voyages de M. de Saulcy et du duc de Luynes en Palestine ; Collection de M. de Clermont-Gallerande ; Description des médailles romaines trouvées récemment dans un vieux mur de l'enclos de l'hospice du Mans, non loin du quai). — *Le Progrès* des 9 et 11 mars 1864.

155. — Note sur la cathédrale du Mans. (Discussion avec M. Parker.) — *Bulletin monumental*, 1864, p. 188. Cf. *Ibidem*, p. 184 et 1863, p. 826.

156. — Considérations sur l'ouvrage de M. Fillon ; « L'Art de terre usité chez les Poitevins. » — *Bulletin monumental*, 1864, p. 837. — Publié dans *Le Progrès* des 14 et 16 novembre 1864, sous ce titre : *L'Art de terre chez les Poitevins.*

157. — L'Art en province. (Observations sur le rôle de la presse départementale à l'égard des artistes, au sujet des travaux de M. Gaullier à l'église de La Ferté-Bernard). — *Le Messager de la Sarthe*, du 14 février 1865.

158. — Restauration de l'église de la Visitation, au Mans. — *Le Messager de la Sarthe*, du 29 juin 1865.

159. — Topographie des Gaules. — *Le Messager de la Sarthe*, du 14 décembre 1865.

160. — Notice sur diverses clefs de coffrets, de l'époque mérovingienne, trouvées dans la Sarthe, avec dessins. — Archives du *Comité des travaux historiques ;* Cf. *Revue des Sociétés savantes*, 4e série, t. II, 1865, p. 212.

161. — Monuments céramiques du Moyen-Age, accompagnés de huit feuilles de dessins, à l'occasion de la découverte faite au Mans de grands vases en poterie micacée, analogue à celle des pirates danois. — *Revue des sociétés savantes*, 4e série, t. IV, 1866, p. 506 à 512. V. en outre, même série, t. II, 1865, p. 209 à 215, et t. III, 1866, p. 688. *Rapport* de M. Darcel.

162. — Mémoire sur l'Ascia, hachette sculptée sur les tombeaux de l'époque romaine, lecture faite au Congrès des sociétés savantes, dans la séance du 4 avril 1866. — Cf. *Revue des sociétés savantes*, 4e série, t. III, 1866, p. 448 et 551 ; t. VI, p. 182.

163. — Musée archéologique du Mans ; nouvelles acquisitions. (Céramique antique et moderne ; faïences émaillées de l'alcazar de Tolède ; Jetons de Louis-Auguste de Bourbon, comte du Maine, etc.). — *Le Messager de la Sarthe*, du 24 juillet 1866.

164. — Notice sur des vases romains, avec ornements en relief exécutés en barbotine, découverts dans le département de la Sarthe. Paris, imp. impériale, 1867, in-8 de 3 p. avec pl. — Lecture faite au Congrès des sociétés savantes dans la séance du 6 avril 1866. Cf. *Revue des sociétés savantes*, 4e série, t. III, 1866, p. 568.

165. — Exposition universelle, section de l'histoire du travail ; Appel aux exposants. — *Le Messager de la Sarthe* du 9 février 1867.

166. — Exposition universelle de 1867. Note sur les costumes nationaux des Gaulois, leurs instruments et leurs outils accompagnée de dessins. — Ms. envoyé à la commission de l'Exposition rétrospective de l'histoire du travail.

167. — Note sur « l'ex-voto de la dame de Courvalain »,

récemment offert au musée archéologique du Mans, avec notice du donateur, M. le Vte Ogier d'Ivry, sur la famille de Courvalain. — *Le Messager de la Sarthe* du 6 juin 1867.

168. — Note sur Galimard. — *Bulletin de la Société archéologique du Vendômois*, t. X, 1867, p. 94.

169. — Dons faits au musée archéologique (Fragments d'architecture provenant de la Tour aux fées). — Cf. *Catalogue du musée archéologique*, n° 172.

170. — Quelques observations sur la Seine-Inférieure historique et archéologique de M. l'abbé Cochet. — *Bulletin monumental*, 1868, p. 670 à 678.

171. — L'église du Pré et sa restauration. — *Le Messager de la Sarthe*, du 25 juin 1868. *La Semaine du Fidèle*, VI, p. 524 etc.

172. — Questions d'art : Exposition universelle de 1867. (La Sarthe à l'exposition rétrospective de l'histoire du travail etc). — *Le Messager de la Sarthe*, des 1er et 3 septembre 1868 ; *L'Union de la Sarthe*, des 12, 14, 17 et 19 novembre 1868.

173. — Inscriptions françaises recueillies à Rome par le chanoine Barbier de Montault ; communication de M. E. Hucher. — *Bulletin de la Société d'agriculture, sciences et arts de la Sarthe*, 1867-1868, p. 526.

174. — Conjectures sur le Rossel d'or d'Altœtting. Lettre au directeur des annales archéologiques. Paris, Didron, 1869, t. XXVI des *Annales*, p. 402 à 409.

175. — Salon de 1869 : L'état actuel du château de Vitré, aquarelles de M. Darcy. — *L'Union de la Sarthe* du 5 juillet 1869.

176. — Note sur l'inscription d'une niche creusée dans un des piliers de la cathédrale du Mans pour recevoir un bréviaire commun. — *Bulletin de la Société des Antiquaires de France*, 1869, p. 124.

177. — Les Artistes en province. — *L'Union de la Sarthe*,

du 4 novembre 1869 ; *Les Affiches du Mans*, du 5 novembre 1869 ; *La Semaine du Fidèle*, VII, p. 1219, etc.

178. — Catalogue du musée archéologique du Mans, contenant la description de tous les objets existant dans ce musée à la date du 1er janvier 1869. Le Mans, Monnoyer, 1869, in-8 de 104 p. avec vign.

179. — Conférences archéologiques et artistiques, données au Mans les 6, 13 et 20 février 1870. — *L'Union de la Sarthe* des 4, 10 et 18 février 1870 ; *Les Affiches du Mans* du 18 février 1870.

180. — Revue mansaise d'archéologie et d'art (1er article : Du procédé Comte). — *Les Affiches du Mans* du 11 mars 1870.

181. — Revue mansaise d'archéologie et d'art (4e article : L'art en province). — Les *Affiches du Mans*, du 29 avril 1870.

182. — Revue mansaise d'archéologie et d'art (5e article : La photoglyptie par M. H. Tarry). — *Les Affiches du Mans* du 17 juin 1870.

183. — Commission d'archéologie et d'art, créée par la *Société d'agriculture, sciences et arts de la Sarthe.* — *L'Union de la Sarthe* et *Les Affiches du Mans*, du 18 mars 1870.

184. — Sur un groupe en pierre représentant une Notre-Dame de Pitié, œuvre de M. Cosnard. — *L'Union de la Sarthe* du 18 mars 1870.

185. — Rectification de l'interprétation d'une inscription du commencement du XVe siècle, à la cathédrale du Mans. — *Les Affiches du Mans* du 29 avril 1870 ; *La Semaine du Fidèle*, VIII, p. 593, etc.

186. — Don fait au musée archéologique du Mans (Collection de moulages provenant du musée du Louvre). — *L'Union de la Sarthe*, et *Les Affiches du Mans* du 10 mai 1870.

187. — Le Jubé du cardinal Philippe de Luxembourg, à la

cathédrale du Mans. Le Mans, Monnoyer, 1870, in-8 de 45 p. avec fig. — Extrait du *Bulletin de la Société d'agriculture, sciences et arts de la Sarthe* ; analysé dans le *Bulletin monumental* 1870, p. 71.

188. — Compte-rendu de la séance tenue au Mans le 14 juin 1871 par la Société française d'archéologie. — *L'Union de la Sarthe* du 20 juin 1871.

189. — L'Émail de Geoffroy Plantagenet. — *Bulletin monumental*, 1871, p. 538.

190. — Compte-rendu des travaux de la commission d'archéologie, lu à la Société d'agriculture, sciences et arts de la Sarthe, dans la séance du 3 novembre 1871. Le Mans. Monnoyer, 1872, in-8 de 11 p. avec pl. — Extrait du *Bulletin de la Société d'agriculture, sciences et arts de la Sarthe.*

191. — Cathédrale du Mans : Le tombeau de Charles IV, comte du Maine. — *L'Union de la Sarthe* du 1er mars 1872,

192. — Variétés : Nicole de l'Escluse, maistre des œuvres de l'église du Mans. — *La Sarthe* du 4 septembre 1872. *L'Union de la Sarthe* du 9 septembre 1872.

193. — Musée archéologique du Mans ; nouvelles acquisitions. — *L'Union de la Sarthe* du 27 octobre 1872.

194. — Note sur des agrafes mérovingiennes. — *Bulletin de la Société des Antiquaires de France*, 1872.

195. — Compte-rendu des travaux de la Commission d'archéologie, pendant les 1er, 2e et 3e trimestres de 1872. Le Mans, Monnoyer, 1873, in-8 de 10 p. avec pl. — Extrait du *Bulletin de la Société d'agriculture, sciences et arts de la Sarthe.*

196. — Compte-rendu des travaux de la commission d'archéologie, pendant les 1er et 2e trimestres de 1873. Le Mans, Monnoyer, 1874, in-8 de 9 p. avec pl. — Extrait du *Bulletin de la Société d'agriculture, sciences et arts de la Sarthe.*

197. — Note sur Nicole de l'Écluse, maistre ès-œuvres de la cathédrale du Mans, en 1420. Le Mans, Monnoyer, 1873,

in-8 de 4 p. — Extrait du *Bulletin de la Société d'agriculture, sciences et arts de la Sarthe.*

198. — Compte-rendu des travaux de la commission d'archéologie, pendant les 3e et 4e trimestres de 1873. — *Bulletin de la Société d'agriculture, sciences et arts de la Sarthe*, 1873-74, p. 557.

199. — Noté additionnelle sur les Caffieri. — *Bulletin de la Société d'agriculture, sciences et arts de la Sarthe*, 1873-74 p. 982. — Cf. *Ibidem*, p. 10.

200. — Renseignements sur le portrait de Cureau de la Chambre, gravé par Nanteuil. — *Bulletin de la Société d'agriculture, sciences et arts de la Sarthe*, 1873-74, p. 983.

201. — Statuette gauloise découverte à Roullé (commune de Mont-Saint-Jean, Sarthe). Le Mans, Monnoyer, 1874, in-8 de 8 p. avec pl. lith. — Extrait du *Bulletin de la Société d'agriculture, sciences et arts de la Sarthe*. — Communication faite au comité des travaux historiques ; Cf. *Revue des sociétés savantes*, 5e série, t. VII, 1874, p. 325 ; 6e série, t. V, 1877, p. 707 ; *Rapport* de M. de Barthélemy.

202. — Notice sur un rétable découvert dans l'église de Douillet (Sarthe), avec photographie. — Archives du *Comité des travaux historiques* ; Cf. *Revue des Sociétés savantes*, 6e série, t. II, 1875, p. 296, et t. VIII, 1878, p. 17.

203. — Observations sur un tableau représentant Jeanne d'Arc, qui appartient à M. Auvray et a été reproduit en chromo-lithographie dans la Jeanne d'Arc de M. Vallon, édit. Firmin-Didot. — *Bulletin de la Société des Antiquaires de France*, 1876, p. 165 à 168. V. *Ibid.* p. 48 à 60.

204. — Le Jubé du cardinal de Luxembourg, à la cathédrale du Mans, 2e édition. Le Mans Monnoyer, 1876, in-fol. avec 8 pl. — (Première médaille au concours des antiquités de France en 1876).

205. — Observations sur deux carreaux émaillés du XIVe siècle. — *Bulletin de la Société des Antiquaires de France*, 1878, p. 94 à 99. V. *Ibid.*, 1877, p. 114 et 134.

206. — Notice sur deux marques de fabricants d'amphores, du II au IIIe siècle, avec dessin. — Archives du *Comité des travaux historiques ;* Cf. *Revue des Sociétés savantes*, 6e série, t. VIII, 1878, p. 21, et 7e série, t. I, 1879, p. 311.

207. — Visite du Muséum, à la préfecture du Mans. — *Congrès archéologique.* XLVe session, tenue au Mans et à Laval en 1878, Tours, Bouserez, 1879, in-8, p. 46-68.

208. — Visite de la cathédrale du Mans. — *Congrès archéologique.* XLVe session, tenue au Mans et à Laval en 1878, Tours, Bouserez, 1879, in-8, p. 182 à 194.

209. — Visite des anciennes murailles et des vieilles maisons de la ville du Mans. — *Congrès archéologique.* XLVe session, tenue au Mans et à Laval en 1878, Tours, Bouserez, 1879, in-8, p. 369 à 376.

210. — Inscriptions trouvées dans le département de la Sarthe. Tours, Bouserez, in-8 de 12 p. — *Congrès archéologique*, XLVe session, tenue au Mans et à Laval en 1878.

211. — Inscription existant actuellement au musée de peinture du Mans. — *Congrès archéologique*, XLVe session, tenue au Mans et à Laval en 1878. — Tours, Bouserez, 1879, in-8, p. 301.

212. — Découverte du tombeau d'une recluse, dans l'ancienne église de Gourdaine, au Mans. — *La Sarthe* et *L'Union de la Sarthe*, du 12 juin 1878 ; la *Chronique de l'Ouest*, du 14 juin 1878.

213. — L'Émail de Geoffroy Plantagenet, au musée du Mans (2e édition). Tours, 1878, in-fol. avec la photochromie de l'Émail. — (Médaille au concours des antiquités de France).

214. — Monuments funéraires et épigraphiques de la famille de Bueil. Tours, Bouserez, 1879, in-4° à deux colonnes, orné de 42 bois gravés. — Extrait du *Bulletin monumental*, 1878, p. 109, 338 et 309 — (Médaille au concours des antiquités de France).

215. — Iconographie du roi René, de Jeanne de Laval, sa

seconde femme, et de divers autres princes de la maison d'Anjou. Le Mans, Pellechat, 1879, in-8 de 43 pages, avec pl. — Extrait de la *Revue historique et archéologique du Maine* et tiré à 50 exemplaires.

216. — Découverte du tombeau de la recluse Ermecia. Mamers, Fleury et Dangin, 1879, in-8 de 6 p. avec grav. — Extrait de la *Revue historique et archéologique du Maine*, t, III, p. 150. — Communication faite au Comité des travaux historiques en 1878. Cf. *Revue des Sociétés savantes*, 6e série, t. VIII, 1878, p. 21, et 7e série, t. I, 1879, p. 251 : *Rapport* de M. de Lasteyrie.

217. — L'Ex-voto de la dame de Courvalain, au musée du Mans. Mamers, Fleury et Dangin, 1879, in-8 de 12 p. avec grav. — Extrait de la *Revue historique et archéologique du Maine*, t. III, p. 220.

218. — Mélanges d'Archéologie, comprenant les sceaux de Guillaume des Roches, sénéchal d'Anjou, Maine et Touraine, ceux de l'abbaye de la Clarté-Dieu, l'ex-voto de la dame de Courvalain et le tombeau de la recluse Ermecie. Le Mans, Pellechat, 1879, in-8 de 30, 15, 12 et 6 p. avec fig. — Extrait de la *Revue historique et archéologique du Maine*.

219. — Tableau du XVe siècle, au musée archéologique du Mans. — *Revue historique et archéologique du Maine*, t. VI, p. 265.

220. — L'Inscription du vase de Montans (Tarn). Tours, Bouserez, 1879, in-8 de 15 p. avec fig. — Extrait du *Bulletin monumental*, 1879, p. 380.

221. — Inscription du XIIIe siècle de l'église de Saint-Christophe-du-Jambet (Sarthe). Mamers, Fleury et Dangin, 1879, in-8 de 3 p. avec vign. — Extrait de la *Revue historique et archéologique du Maine*.

222. — Exposition de l'Art rétrospectif, au Mans, en 1880. Le Mans, 1879, in-8 de 14 p. — Publié dans *l'Union de la Sarthe* du 20 novembre 1879 ; la *Chronique de l'Ouest*, du

29 novembre 1879 ; la *Revue historique et archéologique du Maine*, VII, p. 127, etc.

223. — Exposition du Mans en 1880 : Circulaire de la section de l'Art rétrospectif. — *La Sarthe* du 23 avril 1880.

224. — Exposition du Mans en 1880 : Projet de publication d'un album. — *La Sarthe* et *l'Union de la Sarthe* du 23 mai 1880.

225. — Guide illustré du touriste dans la Sarthe, par l'abbé Robert Charles ; Compte-rendu critique, par E. Hucher. Mamers, Fleury et Dangin, 1880, in-8 de 5 p. avec vign. — Extrait de la *Revue historique et archéologique du Maine* t. VIII.

226. — De l'Art celtique à l'époque mérovingienne, à l'occasion des agrafes mérovingiennes du musée archéologique du Mans. Mamers, Fleury et Dangin, 1881, in-8 de 20 p. avec fig. — Extrait de la *Revue historique et archéologique du Maine*, t. VIII.

227. — Monuments funéraires et sigillographiques des vicomtes de Beaumont, au Maine. Mamers, 1882, in-8 de 94 p. avec pl. et vign. — Extrait de la *Revue historique et archéologique du Maine.*

IV. — SIGILLOGRAPHIE

228. — Sigillographie du Maine, précédée d'un aperçu général sur la sphragistique. Caen, Hardel, 1852, in-8 de 24 p. avec fig. — Extrait du *Bulletin monumental*, 1852, p. 305.

229. — Sigillographie du Maine, précédée d'un aperçu général sur la sphragistique. Le Mans, Monnoyer, 1855, in-8 de 29 p. avec fig. (2e édition). — Cf. *Études sur l'histoire et les monuments du département de la Sarthe.*

230. — Contre-sceau de la cour du Mans, donné au musée

archéologique du Mans par M. Alfred de Caix, de Bernay-sur-Orne. — *Le Progrès* du 21 février 1863.

231. — Collection des sceaux des archives de l'Empire, décrite par M. Douët d'Arcq (Compte-rendu). Le Mans, Monnoyer, 1863, in-8 de 16 p. — Publié dans *Le Progrès* des 23 et 25 avril 1863. *Bulletin monumental*, 1863, p. 711.

232. — Catalogue de la collection de sceaux-matrices de M. E. Hucher. Caen, Hardel, 1863, in-8 de 23 p. — Extrait du *Bulletin monumental*, 1863, p. 598 et 711. — La première partie de ce catalogue avait été envoyée en 1859 au *Comité des travaux historiques*, comme contribution au *Répertoire archéologique de la France;* Cf. *Revue des Sociétés savantes*, 2e série, t. III, 1860, p. 148.

233. — Sceaux de la cour du Mans. Caen, Hardel, 1864, in-8 de 7 p. avec fig. — Extrait du *Bulletin monumental*, 1864, p. 92.

234. — Sceaux de la cour du Mans et du Bourg-Nouvel. Caen, Hardel, 1868, in-8 de 13 p. avec fig. — Extrait du *Bulletin monumental*, 1868, p. 536.

235. — Notices sur divers sceaux. (Sceau de l'officialité de Cluny au XIIIe siècle; Sceaux de Constance, dame de Châteaufort, petite fille de Louis VI; Sceau de la châtellenie de Lucé; Sceau de Jean Le Barbu, hôtelier de l'abbaye de Marmoutiers). — Archives du *Comité des travaux historiques;* Cf. *Revue des Sociétés savantes*, 4e série, t. IX, 1869, p. 25 et 385; *Rapport* de M. Douët d'Arcq.

236. — Sigillographie du Maine: Sceau de Charles IV, comte du Maine. Le Mans, Monnoyer, 1871, in-8 de 6 p. avec pl. — Extrait des *Mémoires de la Société d'agriculture, sciences et arts de la Sarthe.*

237. — Sceaux des sires de Bueil, seigneurs de Saint-Calais (Jean III à Jean V). Le Mans, Monnoyer, 1872, in-8 de 10 p. avec pl. — Extrait de la *Sigillographie du Maine.* — Une notice sur le sceau de Jean V sera communiquée au *Comité des travaux historiques* en 1878. Cf. *Revue des So-*

ciétés savantes, 6e série, t. VIII, p. 11 et 125; *Rapport* de M. Douet d'Arcq.

238. — Sceau de Hamelin, évêque du Mans (1190-1214). Le Mans, Monnoyer, 1873, in-8 de 8 p. avec vign. — Extrait de la *Sigillographie du Maine*.

239. — Sceau de Geoffroy de Laval ou de Geoffroy de Loudun, évêque du Mans. Le Mans, Monnoyer, 1873, in-8 de 4 p. avec fig. — Extrait de la *Sigillographie du Maine*.

240. — Abbés et abbesses du Maine : Abbaye de Champagne. Le Mans, Monnoyer, 1874, in-8 de 3 p. avec vign. — Extrait de la *Sigillographie du Maine*.

241. — Sceau de Geoffroy d'Assé (1270-1277). Le Mans, Monnoyer, 1875, in-8 de 4 p. avec vign. — Extrait de la *Sigillographie du Maine*.

242. — Sceau de Jean de Chanlay (1277-1291). Le Mans, Monnoyer, 1875, in-8 de 2 p. avec vign. — Extrait de la *Sigillographie du Maine*.

243. — Les sceaux de Guillaume des Roches, sénéchal d'Anjou, du Maine et de Touraine. Mamers, Fleury et Dangin, 1879, in-8 de 30 p. avec 9 grav. — Extrait de la *Revue historique et archéologique du Maine*, t. III.

244. — Sceau de la prévôté de l'abbaye de la Clarté-Dieu, près Saint-Paterne (Indre-et-Loire). Mamers, Fleury et Dangin, 1879, in-8 de 15 p. avec vign. — Extrait de la *Revue historique et archéologique du Maine*, t. III, p. 391.

245. — Sceaux délivrés par les Archives nationales au musée archéologique du Mans. — *Revue historique et archéologique du Maine*, t. VI, p. 95.

246. — Sceau de l'agent de France à Alexandrette, sous Louis XIV. — Archives du *Comité des travaux historiques*. Cf. *Revue des Sociétés savantes*, 7e série, t. I, 1879, p. 12 et 18, t. II, 1880, p. 157 ; *Rapport* de M. Chabouillet.

247. — Le Costume d'après les sceaux, par Demay. Compte-rendu critique par E. Hucher. — *Revue historique et archéologique du Maine*, t. VII, p. 134.

248. — Sceaux de Philippe de Luxembourg, évêque du Mans. — *Revue historique et archéologique du Maine*, 1886, t. XX, p. 185 et 381 avec vign. (1).

V. — HISTOIRE ET LITTÉRATURE DU MOYEN-AGE

249. — Compte-rendu, par M. A. de Barthélemy, du XVe volume des Mémoires de la Société d'agriculture, sciences et arts de la Sarthe (Note de M. E. Hucher). — *L'Union de la Sarthe* du 26 avril 1862.

250. — Note contenant le texte du Rapport fait à la section d'Histoire et de Philologie du Comité impérial des travaux historiques et des Sociétés savantes sur les publications de la Société d'agriculture, sciences et arts de la Sarthe, par M. Anatole de Barthélemy, membre titulaire de ce Comité. — *Le Progrès* du 11 mai 1864.

251. — Cavalcade historique représentant l'entrée solennelle de la reine Bérengère et de Philippe-Auguste au Mans en 1204, devant avoir lieu le samedi 6 mai 1865, à l'occasion du concours régional agricole tenu dans cette ville. (Projet présenté par un membre de la commission de la cavalcade le 6 février 1865 et adopté par cette commission le 27 du même mois.) Le Mans. Monnoyer, 1865, in-4 de 21 p. autog. avec dessins et vign.

252. — La Chasse dans le Maine avant 1789. — *Le Messager de la Sarthe* du 6 juillet 1867.

253. — Des landes dites de Pontlieue et de la constitution de l'ancienne propriété du sol au-delà du Gué-de-Maulny. Le Mans. Leguicheux. 1869, in-8 de 23 p. — Extrait de *L'Union de la Sarthe*, des 3, 4 et 5 août 1869.

(1) En outre des articles relevés dans ce paragraphe, le catalogue de la librairie Monnoyer indique le *Sceau de Geoffroy Freslon, évêque du Mans*. Nous n'avons retrouvé cette brochure ni dans les papiers de M. Hucher, ni dans aucune des collections de ses œuvres ; ce sceau ne figure pas davantage dans la *Sigillographie du Maine*.

254. — Documents historiques sur le prieuré conventuel de Châteaux-l'Hermitage ; Compte-rendu par M. E. Hucher. — *Bulletin monumental*, 1869, p. 650.

255. — Revue mansaise d'archéologie et d'art (6e article : Charte de Bérengère concernant les Juifs). — *Les Affiches du Mans* du 1er juillet 1870.

256. — Revue mansaise d'archéologie et d'art. (7e article : Enquête relative au droit de foire dont jouissaient à Vendôme les religieux de l'Épau). *Les Affiches du Mans* du 22 juillet 1870.

257. — Enquête relative au droit de foire dont jouissaient à Vendôme les religieux de l'Épau (du Mans). Vendôme, Lemercier, 1870, in-8 de 12 p. — Extrait du *Bulletin de la Société archéologique, scientifique et littéraire du Vendômois*. Cf. *Revue des Sociétés savantes*, 4e série, t. IX, 1869, p. 13.

258. — Lettre à M. Paulin Paris sur les représentations de Tristan et Iseult. Le Mans, Monnoyer, 1871, in-8 de 30 p. avec vign. — Extrait du *Bulletin de la Société d'agriculture, sciences et arts de la Sarthe*, 1869-1870.

259. — De la bibliothèque publique du Mans : Le manuscrit du Saint-Graal. — *L'Union de la Sarthe* du 21 août 1871.

260. — Projet de publication des romans de la Table-Ronde. Caen, Le Blanc-Hardel, 1872, in-8 de 7 p. — Extrait du *Bulletin monumental*.

261. — Notice sur deux chartes de Louis VII et d'Aliénor d'Aquitaine, en faveur de l'abbaye de Fontevrault, 1146 et 1152. — *Revue des Sociétés savantes*, 5e série, t. III, 1872, p. 49 à 54 ; 4e série, t. IX, p. 112 ; 5e série, t. I, 1870 p. 358 ; *Rapport* de M. Levasseur.

262. — Bibliographie : Compte-rendu critique de l'ouvrage de Paul Lacroix : Vie militaire et religieuse au moyen-âge. Paris, Didot, 1873. in-4.

263. — Histoire de saint Louis par Joinville ; édition Natalis de Wailly. Compte-rendu critique par E. Hucher. — *L'Union de la Sarthe* du 15 décembre 1873.

264. — Causeries artistiques et littéraires. (Le vitrail royal de Saint-Lô ; le Saint-Graal.)

265. — Le Saint-Graal, première branche des Romans de la Table-Ronde. Le Mans, Monnoyer, 1874-1878, 3 vol. in-18 jésus, avec fac-simile, lettres ornées et titre à l'imitation des manuscrits du XIIIe siècle (Ouvrage honoré de 50 souscriptions du ministère de l'instruction publique).

266. — Jeanne-d'Arc, par M. Wallon. Compte-rendu critique par E. Hucher. — *La Sarthe* des 21 et 22 décembre 1875.

VI. — ARTICLES DIVERS

267. — De la race bovine désarmée. — *Le Messager de la Sarthe* du 7 novembre 1868.

268. — Mézières pendant la guerre de 1870-71. — *Journal du Mans*, du 20 octobre 1871.

269. — Le rut du blaireau. — *L'Union de la Sarthe*, du 23 février 1872.

270. — Rapport à M. le président de la Société d'agriculture, sciences et arts de la Sarthe, sur l'invasion prussienne à la Renardière. Mars 1872. — Ms. adressé à la commission d'enquête des faits de l'invasion.

271. — De la discipline du parti de l'ordre. — Ms. signé *Demophile* et destiné à l'un des journaux du Mans (1).

272. — Nécrologie : M. Paul-Alexandre Ferry de Mailly. — *L'Union de la Sarthe*, du 17 mars 1873.

273. — Nécrologie : M. Léopold Charles. — *L'Union de la Sarthe* et *La Sarthe*, du 27 juillet 1874.

(1) Nous avions terminé le dépouillement des journaux de la Sarthe, lorsque nous avons retrouvé le ms. de cet article et acquis la certitude qu'il devait être attribué à M. E. Hucher ; nous ne pouvons dès lors indiquer la date exacte de la publication qui doit avoir lieu vers 1873 ou 1874.

274. Oi-Voi-Tès : La légende des francs-maçons anglais. — *La Sarthe*, 12 décembre 1874.

275. — Sanctuaire de Notre-Dame de l'Espérance, à Pontmain ; projet de publication d'un album. Le Mans, Leguicheux, 1875, une feuille in-4.

276. — Notice nécrologique sur M. le comte de Mailly-Rayneval, marquis d'Harcourt. Le Mans, Monnoyer, 1878, in-8 de 20 p. avec vignette.

Mamers. — Typ. G. Fleury et A. Dangin. — 1890.

www.ingramcontent.com/pod-product-compliance
Ingram Content Group UK Ltd.
Pitfield, Milton Keynes, MK11 3LW, UK
UKHW020924180726
13838UKWH00002B/742

9 782329 352978